Sor Juana Inés de la Cruz

Inundación castálida

Barcelona **2024**
Linkgua-ediciones.com

Créditos

Título original: Inundación castálida.

© 2024, Red ediciones S.L.

e-mail: info@Linkgua-ediciones.comm

Diseño de cubierta: Red ediciones.

ISBN tapa dura: 978-84-1126-546-1.
ISBN rústica: 978-84-9816-336-0.
ISBN ebook: 978-84-9953-776-4.

Cualquier forma de reproducción, distribución, comunicación pública o transformación de esta obra solo puede ser realizada con la autorización de sus titulares, salvo excepción prevista por la ley. Diríjase a CEDRO (Centro Español de Derechos Reprográficos, www.cedro.org) si necesita fotocopiar, escanear o hacer copias digitales de algún fragmento de esta obra.

Sumario

Créditos _____ 4

Brevísima presentación _____ 11
    La vida _____ 11
    Casi un eslogan de la época _____ 11

Sonetos _____ 13
    Soneto. Procura desmentir los elogios que a un retrato de la poetisa inscribió la verdad, que llama pasión _____ 14
    Soneto. Resuelve la cuestión de cuál sea pesar más molesto en encontradas correspondencias, amar o aborrecer _____ 15
    Soneto. Prosigue el mismo asunto, y determina que prevalezca la razón contra el gusto _____ 16
    Soneto. Continúa el asunto, y aun le expresa con más viva elegancia ____ 17
    Soneto. Enseña cómo un solo empleo en amar es razón y conveniencia ___ 18
    Soneto. Quéjase de la suerte: insinúa su aversión a los vicios, y justifica su divertimiento a las Musas _____ 19
    Soneto. Muestra sentir que la baldonen por los aplausos de su habilidad __ 20
    Soneto. Escoge antes el morir que exponerse a los ultrajes de la vejez ___ 21
    Soneto. Engrandece el hecho de Lucrecia _____ 22
    Soneto. Nueva alabanza del hecho mismo _____ 23
    Soneto. Admira con el suceso que refiere los efectos imprevenibles de algunos acuerdos _____ 24
    Soneto. Contrapone el amor al fuego material, y quiere achacar remisiones a éste con ocasión de contar el suceso de Porcia _____ 25
    Soneto. Refiere con ajuste, y envidia sin él, la tragedia de Píramo y Tisbe __ 26
    Soneto. Discurre inevitable el llanto a vista de quien ama _____ 27
    Soneto. Solo con aguda ingeniosidad esfuerza el dictamen de que sea la ausencia mayor mal que los celos _____ 28

Romance _____ 29
    Soneto. Convaleciente de una enfermedad grave, discretea con la señora virreina, marquesa de Mancera, atribuyendo a su mucho amor aun su mejoría en morir __ 31

Romance _____ **32**
    Décima. Enviando una rosa a su excelencia _____ 35
    Décima. A la misma excelentísima señora _____ 36
    Décima. Describe, con énfasis de no poder dar la última mano a la pintura, el retrato de una belleza _____ 37

Romance _____ **38**

Romance _____ **49**

Liras _____ **53**

Endechas _____ **56**

Romance _____ **60**
    Soneto. Sospecha crueldad disimulada, el alivio que la esperanza da _____ 65

Romance _____ **66**

Romance _____ **74**

Loa a los años de la reina nuestra señora doña María Luisa de Borbón _____ **77**

Ovillejos _____ **95**
    Redondillas. Arguye de inconsecuentes el gusto y la censura de los hombres, que en las mujeres acusan lo que causan _____ 107
    La vida _____ 110
    Décimas. Defiende que amar por elección del arbitrio, es solo digno de racional correspondencia _____ 129
    Redondillas. Pinta la armonía simétrica que los ojos perciben en la hermosura, con otra música _____ 132
    Décimas. Sosiega el susto de la fascinación, en una hermosura medrosa _____ 134
    Décimas. Alma que al fin se rinde al amor resistido: es alegoría de la ruina de Troya_ 135

Romance _____ 137

Romance _____ 143
    Soneto. Aunque en vano, quiere reducir a método racional el pesar de un celoso __150
    Soneto. Un celoso refiere el común pesar que todos padecen, y advierte a la
    causa, el fin que puede tener la lucha de afectos encontrados_____151
    Soneto. En la muerte de la excelentísima señora marquesa de Mancera _____152
    Soneto. A lo mismo _____153

Loa _____ 154
    Soneto. Encarece de animosidad la elección de estado durable hasta la muerte___ 174
    Soneto. Para explicar la causa a la rebeldía, ya sea firmeza de un cuidado, se vale
    de opinión que atribuye a la perfección de su forma lo incorruptible en la materia
    de los cielos; usa cuidadosamente términos de escuelas _____175
    Soneto. Aplaude la ciencia astronómica del padre Eusebio Francisco Kino,
    de la compañía de Jesús, que escribió del cometa que el año de 80 apareció,
    absolviéndole de ominoso_____176
    Soneto. Lamenta con todos la muerte de la señora marquesa de Mancera _____177
    Décima. Presentando un reloj de muestra a persona de autoridad, y su estimación,
    le da los buenos días_____178
    Décima. En un anillo retrató a la señora condesa de Paredes: dice por qué_____180
    Décima. Al mismo intento _____181
    Décimas. Esmera su respetuoso amor; habla con el retrato, y no calla con él, dos
    veces dueño _____182
    Décimas. Memorial a un juez, pidiéndole por una viuda que la litigaban la vivienda _185
    Décimas. Rehúsa para sí, pidiéndola para un inglés, la libertad, a la señora virreina _186
    Décimas. Reconociendo el cabildo de México el singular acierto que tuvo en la
    idea de un arco triunfal a la entrada del virrey, señor conde de Paredes, marqués
    de la Laguna, que encargó a sor Juana Inés, estudio de tan grande humanista y
    que ha de coronar este libro, lo presentó el regalo que dice y agradece _____188
    Redondillas. Favorecida y agasajada, teme su afecto de parecer gratitud y no fuerza 190

Endechas _____ 192
    Soneto. Al mismo asunto_____195

Romance _____ 196

Romance _____ 197

Romance _____ 199

Endecasílabo _____ 205

Romance _____ 207
    Soneto. De amor, puesto antes en sujeto indigno, es enmienda blasonar del arrepentimiento _____ 210
    Soneto. Prosigue en su pesar, y dice que aun no quisiera aborrecer tan indigno sujeto, por no tenerle así aun cerca del corazón _____ 211
    Soneto. No quiere pasar por olvido lo descuidado _____ 212
    Soneto. Sin perder los mismos consonantes, contradice con la verdad, aún más ingeniosa, su hipérbole _____ 213
    Décima. La excusa de lo mal obrado, lo empeora _____ 214

Romance _____ 215

Romance _____ 218
    Soneto. Llegaron a México, con el hecho piadoso, las aclamaciones poéticas de Madrid a su majestad; que alaba la poetisa por más superior modo _____ 221

Romance _____ 222

Villancico _____ 224

Glosa _____ 226

Romance _____ 228

Romance _____ 229

Soneto. A la sentencia que contra Cristo dio Pilatos: y aconseja a los jueces que antes de firmar fiscalicen sus propios motivos _____230
Soneto. A la muerte del excelentísimo señor duque de Veragua _____231
Soneto. Al mismo _____232
Soneto. Al mismo _____233

Villancicos _____ **234**
- Nocturno II _____239
- Nocturno III _____245

Villancicos _____ **252**
- Nocturno I _____253
- Nocturno II _____259
- Nocturno III _____264

Villancicos _____ **271**
- Nocturno I _____271
- Nocturno II _____278

Negritos. Estribillo _____ **282**
- Nocturno III _____285

Neptuno. Alegórico, _____ **288**

Excelentísimo principi _____ **306**

Soneto _____ **308**

Libros a la carta _____ **345**

Brevísima presentación

La vida

Sor Juana Inés de la Cruz (1651-1695). México.
Juana Inés de Asbaje y Ramírez de Santillana, nació el 12 de noviembre de 1651 en San Miguel de Nepantla, Amecameca. Era hija de padre vasco y madre mexicana.
Empezó a escribir a los ocho de edad una loa al Santísimo Sacramento.
Aprendió latín en veinte lecciones, que le dictó el bachiller Martín de Olivas y a los dieciséis años ingresó en el Convento de Santa Teresa la Antigua y posteriormente en el de San Jerónimo.
En plena madurez literaria, criticó un sermón del padre Vieyra. Ello provocó que el obispo de Puebla, Manuel Fernández de Santa Cruz, le pidiera que abandonase la literatura y se dedicase por entero a la religión. Sor Juana se defendió en una epístola autobiográfica, en la que enarboló los derechos de la mujer. No obstante, obedeció y renunció a su enorme su biblioteca, sus útiles científicos y sus instrumentos musicales. Murió el 17 de abril de 1695.

Casi un eslogan de la época

En esta edición puede leer la célebre redondilla en que sor Juana inquiere a los hombres con una agudeza inusitada.

> Hombres necios que acusáis
> a la mujer sin razón,
> sin ver que sois la ocasión,
> de lo mismo que culpáis:
> si con ansia sin igual   5
> solicitáis su desdén,
> ¿por qué queréis que obren bien,
> si las incitáis al mal?

Sonetos

A la excelentísima señora condesa de Paredes, marquesa de la Laguna, enviándole estos papeles que su excelencia la pidió y pudo recoger sor Juana de muchas manos en que estaban, no menos divididos que escondidos como tesoro, con otros que no cupo en el tiempo buscarlos ni copiarlos

    El hijo que la esclava ha concebido,
dice el derecho que le pertenece
al legítimo dueño que obedece
la esclava madre, de quien es nacido.
    El que retorna el campo agradecido,   5
opimo fruto, que obediente ofrece,
es del señor, pues si fecundo crece,
se lo debe al cultivo recibido.
    Así, Lisi divina, estos borrones
que hijos del alma son, partos del pecho,   10
será razón que a ti te restituya;
    y no lo impidan sus imperfecciones,
pues vienen a ser tuyos de derecho
los conceptos de un alma que es tan tuya.
Ama y señora mía, besa los pies de vuestra excelencia,15
su criada
Juana Inés de la Cruz.

Soneto. Procura desmentir los elogios que a un retrato de la poetisa inscribió la verdad, que llama pasión

    Este, que ves, engaño colorido,
que del arte ostentando los primores,
con falsos silogismos de colores
es cauteloso engaño del sentido;
    éste, en quien la lisonja ha pretendido   5
excusar de los años los horrores,
y venciendo del tiempo los rigores,
triunfar de la vejez y del olvido:
    es un vano artificio del cuidado,
es una flor al viento delicada,   10
es un resguardo inútil para el hado,
    es una necia diligencia errada,
es un afán caduco y, bien mirado,
es cadáver, es polvo, es sombra, es nada.

Soneto. Resuelve la cuestión de cuál sea pesar más molesto en encontradas correspondencias, amar o aborrecer

    Que no me quiera Fabio, al verse amado,
es dolor sin igual en mí sentido;
mas, que me quiera Silvio aborrecido,
es menor mal, mas no menor enfado.
    ¿Qué sufrimiento no estará cansado   5
si siempre le resuenan al oído,
tras la vana arrogancia de un querido,
el cansado gemir de un desdeñado?
    Si de Silvio me cansa el rendimiento,
a Fabio canso con estar rendida;   10
si de éste busco el agradecimiento,
    a mí me busca el otro agradecida:
por activa y pasiva es mi tormento,
pues padezco en querer y en ser querida.

Soneto. Prosigue el mismo asunto, y determina que prevalezca la razón contra el gusto

Al que ingrato me deja, busco amante;
al que amante me sigue, dejo ingrata;
constante adoro a quien mi amor maltrata;
maltrato a quien mi amor busca constante.
   Al que trato de amor, hallo diamante,   5
y soy diamante al que de amor me trata;
triunfante quiero ver al que me mata,
y mato a quien me quiere ver triunfante.
   Si a éste pago, padece mi deseo;
si ruego a aquél, mi pundonor enojo: 10
de entrambos modos infeliz me veo.
   Pero yo por mejor partido escojo,
de quien no quiero, ser violento empleo,
que de quien no me quiere, vil despojo.

Soneto. Continúa el asunto, y aun le expresa con más viva elegancia

Feliciano me adora, y le aborrezco;
Lisardo me aborrece, y yo le adoro;
por quien no me apetece ingrato, lloro,
y al que me llora tierno, no apetezco.
A quien más me desdora, el alma ofrezco;   5
a quien me ofrece víctimas, desdoro;
desprecio al que enriquece mi decoro,
y al que le hace desprecios, enriquezco.
Si con mi ofensa al uno reconvengo,
me reconviene el otro a mí, ofendido,   10
y a padecer de todos modos vengo,
  pues ambos atormentan mi sentido:
aquéste con pedir lo que no tengo,
y aquél con no tener lo que le pido.

Soneto. Enseña cómo un solo empleo en amar es razón y conveniencia

Fabio, en el ser de todos adoradas,
son todas las beldades ambiciosas,
porque tienen las aras por ociosas
si no las ven de víctimas colmadas.
Y así, si de uno solo son amadas, 5
viven de la fortuna querellosas,
porque piensan que más que ser hermosas,
constituye deidad el ser rogadas.
　Mas yo soy en aquesto tan medida
que en viendo a muchos, mi atención zozobra, 10
y solo quiero ser correspondida
　de aquél que de mi amor réditos cobra;
porque es la sal del gusto el ser querida,
que daña lo que falta, y lo que sobra.

Soneto. Quéjase de la suerte: insinúa su aversión a los vicios, y justifica su divertimiento a las Musas

En perseguirme, mundo, ¿qué interesas?
¿En qué te ofendo, cuando solo intento
poner bellezas en mi entendimiento,
y no mi entendimiento en las bellezas?
Yo no estimo tesoros ni riquezas; 5
y así, siempre me causa más contento
poner riquezas en mi entendimiento,
que no mi entendimiento en las riquezas.
Yo no estimo hermosura que, vencida,
es despojo civil de las edades, 10
ni riqueza me agrada fementida,
   teniendo por mejor en mis verdades,
consumir vanidades de la vida
que consumir la vida en vanidades.

Soneto. Muestra sentir que la baldonen por los aplausos de su habilidad

¿Tan grande, ¡ay hado!, mi delito ha sido
que por castigo de él, o por tormento,
no basta el que adelanta el pensamiento,
sino el que le previenes al oído?
  Tan severo en mi contra has procedido   5
que me persuado de tu duro intento,
a que solo me diste entendimiento
porque fuese mi daño más crecido.
  Dísteme aplausos para más baldones,
subirme hiciste para penas tales;   10
y aun pienso que me dieron tus traiciones
penas a mi desdicha desiguales
porque, viéndome rica de tus dones,
nadie tuviese lástima a mis males.

Soneto. Escoge antes el morir que exponerse a los ultrajes de la vejez

    Miró Celia una rosa que en el prado
ostentaba feliz la pompa vana,
y con afeites de carmín y grana
bañaba alegre el rostro delicado;
    y dijo: Goza sin temor del hado   5
el curso breve de tu edad lozana,
pues no podrá la muerte de mañana
quitarte lo que hubieres hoy gozado.
    Y aunque llega la muerte presurosa
y tu fragrante vida se te aleja,   10
no sientas el morir tan bella y moza:
    mira que la experiencia te aconseja
que es fortuna morirte siendo hermosa
y no ver el ultraje de ser vieja.

Soneto. Engrandece el hecho de Lucrecia

¡Oh famosa Lucrecia, gentil dama,
de cuyo ensangrentado noble pecho
salió la sangre que extinguió a despecho
del rey injusto, la lasciva llama!
¡Oh con cuanta razón el mundo aclama   5
tu virtud, pues por premio de tal hecho
aun es para tus sienes cerco estrecho
la amplísima corona de tu fama!
Pero si el modo de tu fin violento
puedes borrar del tiempo y sus anales,   10
quita la punta del puñal sangriento
 con que pusiste fin a tantos males,
que es mengua de tu honrado sentimiento
decir que te ayudaste de puñales.

Soneto. Nueva alabanza del hecho mismo

        Intenta de Tarquino el artificio
a tu pecho, Lucrecia, dar batalla;
ya amante llora, ya modesto calla,
ya ofrece toda el alma en sacrificio.
    Y cuando piensa ya que más propicio   5
tu pecho a tanto imperio se avasalla,
el premio, como Sísifo, que halla,
es empezar de nuevo el ejercicio.
    Arde furioso, y la amorosa tema
crece en la resistencia de tu honra,   10
con tanta privación, más obstinada.
    ¡Oh providencia de deidad suprema,
tu honestidad motiva tu deshonra,
y tu deshonra te eterniza honrada!

Soneto. Admira con el suceso que refiere los efectos imprevenibles de algunos acuerdos

    La heroica esposa de Pompeyo altiva,
al ver su vestidura en sangre roja,
con generosa cólera se enoja
de sospecharlo muerto y estar viva.
    Rinde la vida en que el sosiego estriba   5
de esposo y padre, y con mortal congoja
la concebida sucesión arroja
y de la paz con ella a Roma priva.
    Si el infeliz concepto que tenía
en las entrañas Julia no abortara,   10
la muerte de Pompeyo excusaría.
    ¡Oh tirana Fortuna, quién pensara
que con el mismo amor que la temía,
con ese mismo amor se la causara!

Soneto. Contrapone el amor al fuego material, y quiere achacar remisiones a éste con ocasión de contar el suceso de Porcia

¿Qué pasión, Porcia, qué dolor tan ciego
te obliga a ser de ti fiera homicida,
o en qué te ofende tu inocente vida,
que así le das batalla a sangre y fuego?
   Si la Fortuna airada al justo ruego   5
de tu esposo se muestra endurecida,
bástale el mal de ver su acción perdida:
no acabes con tu vida su sosiego.
   Deja las brasas, Porcia, que mortales
impaciente tu amor elegir quiere;   10
no al fuego de tu amor el fuego iguales;
   porque si bien de tu pasión se infiere,
mal morirá a las brasas materiales
quien a las llamas del amor no muere.

Soneto. Refiere con ajuste, y envidia sin él, la tragedia de Píramo y Tisbe

    De un funesto moral la negra sombra,
de horrores mil y confusiones llena,
en cuyo hueco tronco aun hoy resuena
el eco que doliente a Tisbe nombra,
    cubrió la verde matizada alfombra   5
en que Píramo amante abrió la vena
del corazón, y Tisbe de su pena
dio la señal, que aun hoy al mundo asombra.
    Mas viendo del amor tanto despecho
la muerte, entonces de ellos lastimada,   10
sus dos pechos juntó con lazo estrecho.
    Mas, ¡ay de la infeliz y desdichada
que a su Píramo dar no puede el pecho
ni aun por los duros filos de una espada!

Soneto. Discurre inevitable el llanto a vista de quien ama

    Mandas, Anarda, que sin llanto asista
a ver tus ojos, de lo cual sospecho
que el ignorar la causa es quien te ha hecho
querer que emprenda yo tanta conquista.
    Amor, señora, sin que me resista,   5
que tiene en fuego el corazón deshecho,
como hace huir la sangre allá en el pecho,
vaporiza en ardores por la vista.
    Buscan luego mis ojos tu presencia
que centro juzgan de su dulce encanto,   10
y cuando mi atención te reverencia,
    los visuales rayos entretanto,
como hallan en tu nieve resistencia,
lo que salió vapor, se vuelve llanto.

Soneto. Solo con aguda ingeniosidad esfuerza el dictamen de que sea la ausencia mayor mal que los celos

El ausente, el celoso, se provoca,
aquél con sentimiento, éste con ira;
presume éste la ofensa que no mira,
y siente aquél la realidad que toca.
   Éste templa, tal vez, su furia loca   5
cuando el discurso en su favor delira,
y sin intermisión aquél suspira,
pues nada a su dolor la fuerza apoca.
   Éste aflige dudoso su paciencia,
y aquél padece ciertos sus desvelos;   10
éste al dolor opone resistencia,
   aquél, sin ella, sufre desconsuelos;
y si es pena de daño, al fin, la ausencia,
luego es mayor tormento que los celos.

Romance

Desea que el cortejo de dar los buenos años al señor marqués de la Laguna llegue a su excelencia por medio de la excelentísima señora doña María Luisa, su dignísima esposa

Advertencia.

O el agradecimiento de favorecida y celebrada, o el conocimiento que tenía de las relevantes prendas que a la señora virreina dio el cielo, o aquel secreto influjo (hasta hoy nadie lo ha podido apurar) de los humores o los astros, que llaman simpatía, o todo junto, causó en la poetisa un amar a su excelencia con ardor tan puro como en el contexto de todo el libro irá viendo el lector.

   Pues vuestro esposo, señora,
es vuestro esposo, que basta,
no digo que sobra porque
no sobra a vuestro amor nada,
   dadle los años por mí,   5
que vos, deidad soberana,
dar vidas podréis, mas juzgo
que mejor podréis quitarlas.
   Digo mejor, porque siempre
más el desdén sacro campa,   10
porque las quitáis de oficio,
y las concedéis de gracia.
   Y dadme a mí en aguinaldo
de estas bienvenidas Pascuas,
nuevas de que está el infante   15
hallado como en su casa.
   Que si su excelencia tiene
mi elección, de tal posada
no hayáis miedo que saliera,
ni aun al tiempo de que salga.   20
   Y aunque en los príncipes todos

es costumbre tan usada
dar por Pascuas libertad
a los que en prisión se hallan;
  yo que, en las dulces cadenas   25
de vuestras luces sagradas
a donde, siendo precisa,
es la prisión voluntaria,
  donde es oro la cadena
que adorna a un tiempo y enlaza,   30
y joyeles de diamantes
los candados que la guardan,
  vivo; no quiero, señora,
que con piedad inhumana,
me despojéis de las joyas   35
con que se enriquece el alma,
  sino que me tengáis presa,
que yo de mi bella gracia,
por vos arrojaré mi
libertad por la ventana,   40
  y a la sonora armonía
de mis cadenas amadas,
cuando otros lloren tormentos,
entonarán mis bonanzas.
  Nadie de mí se duela   45
por verme atada,
pues trocaré ser reina
por ser esclava.

Soneto. Convaleciente de una enfermedad grave, discretea con la señora virreina, marquesa de Mancera, atribuyendo a su mucho amor aun su mejoría en morir

    En la vida que siempre tuya fue,
Laura divina, y siempre lo será,
la parca fiera, que en seguirme da,
quiso asentar por triunfo el mortal pie.
    Yo de su atrevimiento me admiré,   5
que si debajo de su imperio está
tener poder, no puede en ella ya,
pues del suyo contigo me libré.
    Para cortar el hilo que no hiló,
la tijera mortal abierta vi;   10
¡ay parca fiera!, dije entonces yo,
    mira que sola Laura manda aquí;
ella, corrida, al punto se apartó
y dejóme morir solo por ti.

Romance

Celebra el cumplir años la señora virreina con un retablito de marfil del nacimiento, que envía a su excelencia

    Por no faltar, Lisi bella,
al inmemorial estilo
que es del cortesano culto
el más venerado rito,
    que a foja primera manda   5
que el glorioso natalicio
de los príncipes celebren
obsequiosos regocijos,
    te escribo; no porque al culto
de tus abriles floridos,   10
pueda añadir el afecto
más gloria que hay en sí mismos,
    que en la grandeza de tuyos
verá el menos advertido,
que de celebrar tus años,   15
solo son tus años dignos,
    sino porque ceremonias,
que las aprueba el cariño,
tienen en lo voluntario
vinculado lo preciso,   20
    que cuando apoya el amor
del respecto los motivos,
es voluntad del respecto
el que es del amor oficio.
    Rompa, pues, mi amante afecto   25
las prisiones del retiro,
no siempre tenga el silencio
el estanco de lo fino,
    deje, a tu deidad atento,

en aumentos bien nacidos, 30
con las torpezas de ciego,
las balbuciencias de niño
y muestre, pues tiene ser
en tus méritos altivos,
que de padres tan gigantes 35
no nacen pequeños hijos.
   Y añadiendo lo obstinado
a la culpa de atrevido,
haga bienquista la ofensa
lo garboso del delito; 40
y en tan necesaria culpa
encuentre el perdón propicio,
el que no ofende quien yerra,
si yerra sin albedrío.
   Tan sin él, tus bellos rayos 45
voluntaria Clicie sigo,
que lo que es mérito tuyo
parece destino mío.
   Pero, ¿a dónde enajenada
tanto a mi pasión me rindo, 50
que acercándome a mi afecto,
del asunto me desvío?
   Retira allá tu belleza
si quieres que cobre el hilo,
que mirándola no puedo 55
hablar más que en lo que miro.
   Y pues sabes que mi amor,
alquimista de sí mismo,
quiere transmutarse en vida
porque vivas infinito; 60
   y que porque tú corones
a los años con vivirlos,
quisieran anticiparse

todos los futuros siglos;
  no tengo qué te decir, 65
sino que yo no he sabido
para celebrar el tuyo,
más que dar un «natalicio».
  Tu nacimiento festejan
tiernos afectos festivos, 70
y yo en fe de que lo aplaudo,
el «nacimiento» te envío.
  Consuélame que ninguno
de los que te dan rendidos
podrá ser mejor que aquéste, 75
aunque se ostente más rico.
  De perdones y de paces
fue aqueste natal divino;
dé perdones y haga paces
el haber hoy tú nacido. 80
  Y guárdete por asombro
quien te formó por prodigio,
y hágate eterna, pues puede,
quien tan bella hacerte quiso.

Décima. Enviando una rosa a su excelencia

Ésa, que alegre y ufana,
de carmín fragante esmero,
del tiempo al ardor primero
se encendió, llama de grana;
preludio de la mañana, 5
del rosicler más ufano,
es primicia del verano,
Lisi divina, que en fe
de que la debió a tu pie,
la sacrifica a tu mano. 10

Décima. A la misma excelentísima señora

Este concepto florido
de vergel más oloroso,
que dejó al jardín glorioso
por haberla producido;
ésa, que feliz ha unido 5
a lo fragante lo bella,
doy a tu mano, que en ella
campará de más hermosa,
pues en tu boca se rosa,
cuando en tus ojos se estrella. 10

Décima. Describe, con énfasis de no poder dar la última mano a la pintura, el retrato de una belleza

    Tersa frente, oro el cabello,
cejas arcos, zafir ojos,
bruñida tez, labios rojos,
nariz recta, ebúrneo cuello;
talle airoso, cuerpo bello,   5
cándidas manos en que
el cetro de amor se ve,
tiene Fili; en oro engasta
pie tan breve, que no gasta
ni un pie.   10

Romance

Discurre con ingenuidad ingeniosa sobre la pasión de los celos. Muestra que su desorden es senda única para hallar el amor, y contradice un problema de don Josef Montoro, uno de los más célebres poetas de este siglo

    Si es causa amor productivo
de diversidad de afectos,
que con producirlos todos,
se perficiona a sí mesmo;
    y si el uno de los más   5
naturales son los celos,
¿cómo sin tenerlos puede
el amor estar perfecto?
    Son ellos, de que hay amor
el signo más manifiesto,   10
como la humedad del agua
y como el humo del fuego.
    No son, que dicen, de amor
bastardos hijos groseros,
sino legítimos, claros   15
sucesores de su imperio.
    Son crédito y prueba suya,
pues solo pueden dar ellos
auténticos testimonios
de que es amor verdadero.   20
    Porque la fineza, que es
de ordinario el tesorero
a quien remite las pagas
amor, de sus libramientos,
    ¿cuántas veces, motivada   25
de otros impulsos diversos,
ejecuta por de amor,
decretos del galanteo?

El cariño, ¿cuántas veces
por dulce entretenimiento   30
fingiendo quilates, crece
la mitad del justo precio?
 ¿Y cuántas más, el discurso,
por ostentarse discreto,
acredita por de amor   35
partos del entendimiento?
 ¿Cuántas veces hemos visto
disfrazada en rendimientos
a la propia conveniencia,
a la tema o al empeño?   40
 Solo los celos ignoran
fábricas de fingimientos,
que como son locos, tienen
propiedad de verdaderos.
 Los gritos que ellos dan son   45
sin dictamen de su dueño,
no ilaciones del discurso,
sino abortos del tormento.
 Como de razón carecen,
carecen del instrumento   50
de fingir, que aquesto solo
es en lo irracional, bueno.
 Desbocados ejercitan
contra sí el furor violento,
y no hay quien quiera en su daño 55
mentir, sino en su provecho.
 Del frenético, que fuera
de su natural acuerdo
se despedaza, no hay quien
juzgue que finge el extremo.   60
 En prueba de esta verdad
mírense cuantos ejemplos,

en bibliotecas de siglos,
guarda el archivo del tiempo:
   A Dido fingió el troyano, 65
mintió a Ariadna, Teseo;
ofendió a Minos, Pasife
y engañaba a Marte, Venus.
   Semíramis mató a Nino,
Elena deshonró al griego, 70
Jasón agravió a Medea
y dejó a Olimpia, Vireno.
   Bersabé engañaba a Urías,
Dalida al caudillo hebreo,
Jael a Sísara horrible, 75
Judit a Holofernes fiero.
   Estos y otros que mostraban
tener amor sin tenerlo
todos fingieron amor,
mas ninguno fingió celos. 80
   Porque aquél puede fingirse
con otro color, mas éstos
son la prueba del amor
y la prueba de sí mesmos.
   Si ellos no tienen más padre 85
que el amor, luego son ellos
sus más naturales hijos
y más legítimos dueños.
   Las demás demostraciones,
por más que finas las vemos, 90
no pueden no mirar a amor
sino a otros varios respectos.
   Ellos solos se han con él
como la causa y efecto.
¿Hay celos?, luego hay amor; 95
¿hay amor?, luego habrá celos.

De la fiebre ardiente suya
son el delirio más cierto,
que, como están sin sentido,
publican lo más secreto.　　　　　　　　100
　　El que no los siente, amando,
del indicio más pequeño,
en tranquilidad de tibio
goza bonanzas de necio;
　　que asegurarse en las dichas　　　　105
solamente puede hacerlo
la villana confianza
del propio merecimiento.
　　Bien sé que, tal vez furiosos,
suelen pasar desatentos　　　　　　　　110
a profanar de lo amado
osadamente el respeto;
　　mas no es esto esencia suya,
sino un accidente anexo
que tal vez los acompaña　　　　　　　115
y tal vez deja de hacerlo.
　　Mas doy que siempre aun debiera
el más soberano objeto
por la prueba de lo fino,
perdonarles lo grosero.　　　　　　　　120
　　Mas no es, vuelvo a repetir,
preciso, que el pensamiento
pase a ofender del decoro
los sagrados privilegios.
　　Para tener celos basta　　　　　　　125
solo el temor de tenerlos,
que ya está sintiendo el daño
quien está sintiendo el riesgo.
　　Temer yo que haya quien quiera
festejar a quien festejo,　　　　　　　　130

aspirar a mi fortuna
y solicitar mi empleo,
　no es ofender lo que adoro,
antes es un alto aprecio
de pensar que deben todos　　　　　　　　　135
adorar lo que yo quiero.
　Y éste es un dolor preciso,
por más que divino el dueño
asegure en confianzas
prerrogativas de exento.　　　　　　　　　140
　Decir que éste no es cuidado
que llegue a desasosiego,
podrá decirlo la boca
mas no comprobarlo el pecho.
　Persuadirme a que es lisonja　　　　　　145
amar lo que yo apetezco,
aprobarme la elección
y calificar mi empleo;
　a quien tal tiene a lisonja
nunca le falte este obsequio:　　　　　　　150
que yo juzgo que aquí solo
son duros los lisonjeros,
　pues solo fuera a poder
contenerse estos afectos
en la línea del aplauso　　　　　　　　　　155
o en el coto del cortejo.
　¿Pero quién con tal medida
les podrá tener el freno
que no rompan, desbocados,
el alacrán del consejo?　　　　　　　　　　160
　Y aunque ellos en sí no pasen
el término de lo cuerdo,
¿quién lo podrá persuadir
a quien los mira con miedo?

Aplaudir lo que yo estimo, 165
bien puede ser sin intento
segundo, ¿mas quién podrá
tener mis temores quedos?
  Quien tiene enemigos suelen
decir que no tenga sueño; 170
¿pues cómo ha de sosegarse
el que los tiene tan ciertos?
  Quien en frontera enemiga
descuidado ocupa el lecho,
solo parece que quiere 175
ser, del contrario, trofeo.
  Aunque inaccesible sea
el blanco, si los flecheros
son muchos, ¿quién asegura
que alguno no tenga acierto? 180
  Quien se alienta a competirme,
aun en menores empeños,
es un dogal que compone
mis ahogos de su aliento;
  pues, ¿qué será el que pretende 185
excederme los afectos,
mejorarme las finezas
y aventajar los deseos;
  quién quiere usurpar mis dichas,
quién quiere ganarme el premio 190
y quién en galas del alma
quiere quedar más bien puesto;
  quién para su exaltación
procura mi abatimiento
y quiere comprar sus glorias 195
a costa de mis desprecios;
  quién pretende con los suyos
deslucir mis sentimientos,

que en los desaires del alma
es el más sensible duelo? 200
　Al que este dolor no llega
al más reservado seno
del alma, apueste insensibles
competencias con el yelo.
　La confianza ha de ser 205
con proporcionado medio;
que deje de ser modestia,
sin pasar a ser despego.
　El que es discreto, a quien ama
le ha de mostrar que el recelo 210
lo tiene en la voluntad
y no en el entendimiento.
　Un desconfiar de sí
y un estar siempre temiendo
que podrá exceder al mío 215
cualquiera mérito ajeno;
　un temer que la fortuna
podrá, con airado ceño,
despojarme por indigno
del favor, que no merezco, 220
　no solo no ofende, antes
es el esmalte más bello
que a las joyas de lo fino
les puede dar lo discreto;
　y aunque algo exceda la queja 225
nunca queda mal, supuesto
que es gala de lo sentido
exceder de lo modesto.
　Lo atrevido en un celoso,
lo irracional y lo terco, 230
prueba es de amor que merece
la beca de su colegio.

Y aunque muestre que se ofende
yo sé que por allá dentro
no le pesa a la más alta 235
de mirar tales extremos.
   La más airada deidad
al celoso más grosero
le está aceptando servicios
los que riñe atrevimientos. 240
   La que se queja oprimida
del natural más estrecho,
hace ostentación de amada
el que parece lamento.
   De la triunfante hermosura 245
tiran el carro soberbio,
el desdichado con quejas,
y el celoso con despechos.
   Uno de sus sacrificios
es este dolor acerbo, 250
y ella, ambiciosa, no quiere
nunca tener uno menos.
   ¡Oh doctísimo Montoro,
asombro de nuestros tiempos,
injuria de los Virgilios, 255
afrenta de los Homeros!
   Cuando de amor prescindiste
este inseparable afecto,
precisión que solo pudo
formarla tu entendimiento, 260
   bien se ve que solo fue
la empresa de tus talentos
el probar lo más difícil,
no persuadir a creerlo
   Al modo que aquéllos que 265
sutilmente defendieron

que de la nube los ampos
se visten de color negro,
  de tu sutileza fue
airoso, galán empeño,   270
sofística bizarría
de tu soberano ingenio.
  Probar lo que no es probable,
bien se ve que fue el intento
tuyo, porque lo evidente   275
probado se estaba ello.
  Acudistes al partido
que hallastes más indefenso
y a la opinión desvalida
ayudaste, caballero.   280
  Éste fue tu fin; y así
debajo de este supuesto,
no es ésta, ni puede ser,
réplica de tu argumento,
  sino solo una obediencia   285
mandada de gusto ajeno,
cuya insinuación en mí
tiene fuerza de precepto.
  Confieso que de mejor
gana siguiera mi genio   290
el extravagante rumbo
de tu no hollado sendero.
  Pero, sobre ser difícil,
inaccesible lo has hecho;
pues el mayor imposible   295
fuera ir en tu seguimiento.
  Rumbo que estrenan las alas
de tu remontado vuelo,
aun determinado al daño,
no lo intentara un despecho.   300

La opinión que yo quería
seguir, seguiste primero;
dísteme celos, y tuve
la contraria con tenerlos.
   Con razón se reservó 305
tanto asunto a tanto ingenio,
que a fuerzas solo de Atlante
fía la esfera su peso.
   Tenla pues, que si consigues
persuadirla al Universo, 310
colgará el género humano
sus cadenas en tu templo;
   no habrá quejosos de amor,
y en sus dulces prisioneros
serán las cadenas oro 315
y no dorados los hierros;
   será la sospecha inútil,
estará ocioso el recelo,
desterrará el indicio
y perderá el ser el miedo. 320
   Todo será dicha, todo
felicidad y contento,
todo venturas, y en fin
pasará el mundo a ser cielo;
   deberánle los mortales 325
a tu valeroso esfuerzo
la más dulce libertad
del más duro cautiverio.
   Mucho te deberán todos,
y yo más que todos debo 330
las discretas instrucciones
a las luces de tus versos.
   Dalos a la estampa porque
en caracteres eternos

viva tu nombre y con él
se extienda al común provecho.

Romance

No habiendo logrado una tarde ver al señor virrey, marqués de la Laguna, que asistió en las Vísperas del convento, le escribió este romance

        Si daros los buenos años,
señor, que logréis felices,
en las Vísperas no pude,
recibidlos en Maitines.
        Nocturna, mas no funesta,   5
de noche mi pluma escribe,
pues para dar alabanzas,
hora de Laudes elige.
        Valiente amor contra el suyo
hace, con dulces ardides,   10
que para daros un día,
a mí una noche me quite.
        No parecerá muy poca
fineza, a quien bien la mire,
el que vele en los romances,   15
quien se duerme en los latines.
        Lo que tuviere de malo
perdonad, que no es posible
suplir las purpúreas horas
las luces de los candiles;   20
        y más del mío, que está
ya tan in agone, el triste,
que me moteja de loca,
aunque me acredita virgen.
        Mas ya de prólogo basta,   25
porque es cosa incompatible
en el prólogo alargarse
y en el asunto ceñirse.
        Gocéis los años más largos

que esperanza de infelice, 30
y más gustosos que el mismo
la ajena dicha concibe.
   Pasen por vos las edades
con pasos tan insensibles,
que el aspecto los desmienta 35
y el juicio los multiplique.
   Vuestras acciones heroicas
tanto a la fama fatiguen
que de puro celebraros
se enronquezcan los clarines, 40
   y sus vocingleros ecos
tan duradero os publiquen,
que Matusalén os ceda
y que Néstor os envidie.
   Vivid, y vivid discreto, 45
que es solo vivir felice:
que dura, y no vive, quien
no sabe apreciar que vive.
   Si no sabe lo que tiene
ni goza lo que recibe, 50
en vano blasona el jaspe
el don de lo incorruptible.
   No en lo diuturno del tiempo
la larga vida consiste;
tal vez las canas del seso 55
honran años juveniles.
   El agricultor discreto
no espera a que fructifique
el tiempo; porque la industria
hace otoños los abriles. 60
   No solo al viento la nave
es bien que su curso fíe
si el ingenio de los remos

animadas velas finge.
  En progresos literarios 65
pocos laureles consigue,
quien para estudiar espera
a que el Sol su luz envíe.
  Las canas se han de buscar
antes que el tiempo las pinte; 70
que al que las pretende, alegran,
y al que las espera, afligen.
  Quien para ser viejo espera
que los años se deslicen,
ni conserva lo que tiene 75
ni lo que espera consigue,
  con lo cual casi a no ser
viene el necio a reducirse;
pues ni la vejez le llega
ni la juventud le asiste. 80
  Quien vive por vivir solo,
sin buscar más altos fines,
de lo viviente se precia,
de lo racional se exime,
  y aun de la vida no goza; 85
pues si bien llega a advertirse,
el que vive lo que sabe,
solo sabe lo que vive.
  Quien llega necio a pisar
de la vejez los confines, 90
vergüenza peina y no canas,
no años, afrentas repite.
  En breve: el prudente joven
eterno padrón erige
a su vida, y con su fama 95
las eternidades mide.
  Ningún espacio de tiempo

es corto al que no permite
que los instantes más breves
el ocio le desperdicie. 100
  Al que todo el tiempo logra,
no pasa la edad fluxible,
pues viniendo la presente,
de la pasada se sirve.
  Tres tiempos vive el que atento, 105
cuerdo, lo presente rige,
lo pretérito contempla
y lo futuro predice.
  ¡Oh vos, que estos documentos
tan bien practicar supisteis 110
desde niño que ignorasteis
las ignorancias pueriles!
  Tanto, que hasta ahora están
quejosos de vos los dijes,
que, a invasiones fascinantes 115
fueron muros invencibles,
  de que nunca los tratasteis;
y el mismo clamor repiten
trompos, bolos y paletas,
máscaras y tamboriles; 120
  pues en la niñez mostrasteis
discursos tan varoniles,
que pudo en vuestras niñeces
tomar lecciones Ulises.
  Recibid este romance 125
que mi obligación os rinde,
con todo lo que no digo,
lo que digo y lo que dije.

Liras

Expresa más afectuosa que con sutil cuidado, el sentimiento que padece una mujer amante de su marido muerto

        A estos peñascos rudos,
mudos testigos del dolor que siento,
que solo siendo mudos
pudiera yo fiarles mi tormento,
si acaso de mis penas lo terrible   5
no infunde lengua y voz en lo insensible;
quiero contar mis males,
si es que yo sé los males de que muero,
pues son mis penas tales
que si contarlas por alivio quiero,   10
le son una con otra atropellada,
dogal a la garganta, al pecho espada.
   No envidio dicha ajena,
que el mal eterno que en mi pecho lidia
hace incapaz mi pena   15
de que pueda tener tan alta envidia;
es tan mísero estado en el que peno
que como dicha envidio el mal ajeno.
   No pienso yo si hay glorias,
porque estoy de pensarlo tan distante,   20
que aun las dulces memorias
de mi pasado bien, tan ignorante
las mira de mi mal el desengaño,
que ignoro si fue bien, y sé que es daño.
   Esténse allá en su esfera   25
los dichosos, que es cosa en mi sentido
tan remota, tan fuera
de mi imaginación, que solo mido
entre lo que padecen los mortales,

lo que distan sus males de mis males.　　　　30
　¡Quién tan dichosa fuera,
que de un agravio indigno se quejara!
¡Quién un desdén llorara!
¡Quién un alto imposible pretendiera!
¡Quién llegara de ausencia o de mudanza　　35
casi a perder de vista la esperanza!
　¡Quién en ajenos brazos
viera a su dueño, y con dolor rabioso
se arrancara a pedazos
del pecho ardiente el corazón celoso!　　　40
Pues fuera menor mal que mis desvelos
el infierno insufrible de los celos.
　Pues todos estos males
tienen consuelo o tienen esperanza,
y los más son iguales,　　　　　　　　　　45
solicitan o animan la venganza,
y solo de mi fiero mal se aleja
la esperanza, venganza, alivio y queja.
　Porque, ¿a quién sino al cielo,
que me robó mi dulce prenda amada,　　　50
podrá mi desconsuelo
dar sacrílega queja destemplada?
Y él con sordas, rectísimas orejas,
a cuenta de blasfemias, pondrá quejas.
　Ni Fabio fue grosero,　　　　　　　　　　55
ni ingrato, ni traidor; antes amante
con pecho verdadero:
nadie fue más leal ni más constante,
nadie más fino supo, en sus acciones,
finezas añadir a obligaciones.　　　　　　60
　Solo el cielo, envidioso,
mi esposo me quitó; la parca dura,
con ceño riguroso,

fue solo autor de tanta desventura.
¡Oh cielo riguroso! ¡Oh triste suerte   65
que tantas muertes das con una muerte!
   ¡Ay dulce esposo amado!,
¿para qué te vi yo? ¿Por qué te quise,
y por qué tu cuidado
me hizo con las venturas, infelice?   70
¡Oh dicha fementida y lisonjera,
quién tus amargos fines conociera!
   ¿Qué vida es esta mía
que rebelde resiste a dolor tanto?
¿Por qué, necia, porfía   75
y en las amargas fuentes de mi llanto,
atenuada, no acaba de extinguirse
si no puede en mi fuego consumirse?

Endechas

Expresa aun con expresiones más vivas, el mismo asunto

    Agora que conmigo
sola en este retrete,
por pena o por alivio
permite amor que quede;
    agora, pues, que hurtada   5
estoy un rato breve
de la atención de tantos
ojos impertinentes,
    salgan del pecho, salgan
en lágrimas ardientes   10
las represadas penas
de mis ansias crueles.
    Afuera, ceremonias
de atenciones corteses,
alivios afectados,   15
consuelos aparentes.
    Salga el dolor de madre
y rompa vuestras puentes
del raudal de mi llanto
el rápido torrente.   20
    En exhalados rayos
salgan, confusamente,
suspiros que me abrasen,
lágrimas que me aneguen.
    Corran de sangre pura,   25
que mi corazón vierte,
de mis perennes ojos
las dolorosas fuentes.
    Dé voces mi dolor,
que empañen indecentes   30

esos espejos puros
de la esfera celeste.
　Publique con los gritos,
que ya sufrir no puede
del tormento inhumano　　　　　　　　　　35
las cuerdas inclementes.
　Ceda al amor el juicio,
y con extremos muestre
que es solo de mi pecho
el duro presidente.　　　　　　　　　　　40
　¡En fin, murió mi esposo!
Pues, ¿cómo, indignamente,
yo la suya pronuncio
sin pronunciar mi muerte?
　¡Él, sin vida!, ¿y yo animo　　　　　　　45
este compuesto débil?
¿Yo con voz y él difunto?
¿Yo viva cuando él muere?
　No es posible; sin duda
que con mi amor aleves,　　　　　　　　50
o la pena me engaña,
o la vida me miente.
　Si él era mi alma y vida,
¿cómo podrá creerse
que sin alma me anime,　　　　　　　　55
que sin vida me aliente?
　¿Quién conserva mi vida
o de adónde le viene
aire con que respire,
calor que la fomente?　　　　　　　　　60
　Sin duda que es mi amor
el que en mi pecho enciende
estas señas que en mí
parecen de viviente;

y como en un madero 65
que abrasa el fuego ardiente,
nos parece que luce
lo mismo que padece;
   y cuando el vegetable
humor en él perece, 70
nos parece que vive
y no es sino que muere.
   Así yo, en las mortales
ansias que el alma siente,
me animo con las mismas 75
congojas de la muerte.
   ¡Oh, de una vez acabe,
y no cobardemente
por resistirme de una,
muera de tantas veces! 80
   ¡Oh, caiga sobre mí
la esfera transparente,
desplomados del polo
sus diamantinos ejes!
   ¡Oh, el centro en sus cavernas 85
me preste oscuro albergue,
cubriendo mis desdichas
la máquina terrestre!
   ¡Oh, el mar entre sus ondas
sepultada me entregue 90
por mísero alimento
a sus voraces peces!
   ¡Niegue el Sol a mis ojos
sus rayos refulgentes
y el aire a mis suspiros 95
el necesario ambiente!
   ¡Cúbrame eterna noche
y el siempre oscuro Lete

borre mi nombre infausto
del pecho de las gentes! 100
   Mas, ¡ay de mí!, que todas
las criaturas crueles
solicitan que viva
porque gustan que pene.
   ¿Pues qué espero?, mis propias 105
penas de mí me venguen
y a mi garganta sirvan
de funestos cordeles,
   diciendo con mi ejemplo
a quien mis penas viere: 110
aquí murió una vida,
porque un amor viviese.

Romance

Acusa la hidropesía de mucha ciencia, que teme inútil aun para saber, y nociva para vivir

    Finjamos que soy feliz,
triste Pensamiento, un rato;
quizá podréis persuadirme,
aunque yo sé lo contrario:
  que pues solo en la aprehensión   5
dicen que estriban los daños,
si os imagináis dichoso,
no seréis tan desdichado.
  Sírvame el entendimiento
alguna vez de descanso,   10
y no siempre esté el ingenio
con el provecho encontrado.
  Todo el mundo es opiniones
de pareceres tan varios,
que lo que el uno que es negro,   15
el otro prueba que es blanco.
  A unos sirve de atractivo
lo que otro concibe enfado,
y lo que éste por alivio,
aquél tiene por trabajo.   20
  El que está triste censura
al alegre de liviano,
y el que está alegre se burla
de ver al triste penando.
  Los dos filósofos griegos   25
bien esta verdad probaron,
pues lo que en el uno risa,
causaba en el otro llanto.
  Célebre su oposición

ha sido por siglos tantos, 30
sin que cuál acertó, esté
hasta agora averiguado;
   antes en sus dos banderas
el mundo todo alistado,
conforme el humor le dicta 35
sigue cada cual el bando.
   Uno dice que de risa
solo es digno el mundo vario;
y otro que sus infortunios
son solo para llorados. 40
   Para todo se halla prueba
y razón en qué fundarlo,
y no hay razón para nada,
de haber razón para tanto.
   Todos son iguales jueces, 45
y siendo iguales y varios,
no hay quien pueda decidir
cuál es lo más acertado.
   Pues si no hay quien lo sentencie,
¿por qué pensáis, vos, errado, 50
que os cometió Dios a vos
la decisión de los casos?
   ¿O por qué, contra vos mismo,
severamente inhumano,
entre lo amargo y lo dulce, 55
queréis elegir lo amargo?
   Si es mío mi entendimiento,
¿por qué siempre he de encontrarlo
tan torpe para el alivio,
tan agudo para el daño? 60
   El discurso es un acero
que sirve por ambos cabos:
de dar muerte, por la punta,

por el pomo, de resguardo.
  Si vos, sabiendo el peligro, 65
queréis por la punta usarlo,
¿qué culpa tiene el acero,
del mal uso de la mano?
  No es saber, saber hacer
discursos sutiles, vanos; 70
que el saber consiste solo
en elegir lo más sano.
  Especular las desdichas
y examinar los presagios,
solo sirve de que el mal 75
crezca con anticiparlo.
  En los trabajos futuros,
la atención sutilizando,
más formidable que el riesgo,
suele fingir el amago. 80
  ¡Qué feliz es la ignorancia
del que, indoctamente sabio,
halla de lo que padece,
en lo que ignora, sagrado!
  No siempre suben seguros, 85
vuelos del ingenio osados
que buscan trono en el fuego
y hallan sepulcro en el llanto.
  También es vicio el saber,
que si no se va atajando, 90
cuanto menos se conoce,
es más nocivo el estrago,
  y si el vuelo no le abaten
en sutilezas cebado,
por cuidar de lo curioso, 95
olvida lo necesario.
  Si culta mano no impide

crecer al árbol copado,
quitan la sustancia al fruto
la locura de los ramos. 100
   Si andar a nave ligera
no estorba lastre pesado,
sirve el vuelo de que sea
el precipicio más alto.
   En amenidad inútil, 105
¿qué importa al florido campo
si no halla fruto el otoño,
que ostente flores el mayo?
   ¿De qué le sirve al ingenio
el producir muchos partos, 110
si a la multitud se sigue
el malogro de abortarlos?
   Y a esta desdicha, por fuerza
ha de seguirse el fracaso
de quedar el que produce, 115
si no muerto, lastimado.
   El ingenio es como el fuego
que, con la materia ingrato,
tanto la consume más,
cuanto él se ostenta más claro. 120
   Es de su propio señor
tan rebelado vasallo,
que convierte en sus ofensas
las armas de su resguardo.
   Este pésimo ejercicio, 125
este duro afán pesado,
a los hijos de los hombres
dio Dios para ejercitarlos.
   ¿Qué loca ambición nos lleva
de nosotros olvidados? 130
¿Si es para vivir tan poco,

de qué sirve saber tanto?
　¡Oh, si como hay de saber,
hubiera algún seminario
o escuela donde a ignorar　　　　　135
se enseñaran los trabajos!
　¡Qué felizmente viviera
el que flojamente cauto
burlara las amenazas
del influjo de los astros!　　　　　140
　Aprendamos a ignorar,
Pensamiento, pues hallamos
que cuanto añado al discurso
tanto le usurpo a los años.

Soneto. Sospecha crueldad disimulada, el alivio que la esperanza da

    Diuturna enfermedad de la esperanza
que así entretienes mis cansados años
y en el fiel de los bienes y los daños
tienes en equilibrio la balanza,
    que siempre suspendida, en la tardanza   5
de inclinarse, no dejan tus engaños
que lleguen a excederse en los tamaños
la desesperación o confianza:
    ¿quién te ha quitado el nombre de homicida?
Pues lo eres más severa si se advierte   10
que suspendes el alma entretenida,
    y entre la infausta o la felice suerte,
no lo haces tú por conservar la vida
sino por dar más dilatada muerte.

Romance

Pide, con discreta piedad, al señor arzobispo de México, el sacramento de la confirmación

    Ilustrísimo don Payo,
amado prelado mío;
y advertid, señor, que es de
posesión el genitivo:
    que aunque ser tan propietaria   5
no os parezca muy bien visto,
si no lo tenéis a bien,
de mí está muy bien tenido.
    Mío os llamo, tan sin riesgo,
que al eco de repetirlo,   10
tengo ya de los ratones
el convento todo limpio.
    Que ser liberal de vos,
cuando sois de amor tan digno,
es grande magnificencia,   15
que hacia los otros envidio.
    Y yo entre aquestos extremos,
confieso que más me inclino
a una avaricia amorosa
que a un pródigo desperdicio.   20
    ¿Mas dónde, señor, me lleva
tan ciego el afecto mío,
que tan fuera del intento
mis afectos os explico?
    ¡Oh, qué linda copla hurtara,   25
para enhebrar aquí el hilo,
sino hubierais vos, señor,
a Pantaleón leído!
    Mas vamos, señor, al caso,

    como Dios fuere servido; 30
ya os asesto el memorial,
quiera Dios que acierte el tiro.
    Yo, señor (ya lo sabéis),
he pasado un tabardillo,
que me lo dio Dios, y que 35
Dios me lo haya recibido;
    donde con las critiqueces
de sus términos impíos,
a ardor extraño cedía
débil el calor nativo. 40
    Los instrumentos vitales
cesaban ya en su ejercicio,
ocioso el copo en Laquesis,
el uso en Cioto baldío.
    Átropos sola, inminente, 45
con el golpe ejecutivo,
del frágil humano estambre,
cercenaba el débil hilo.
    De aquella fatal tijera
sonaban a mis oídos, 50
opuestamente hermanados,
los inexorables filos.
    En fin, vino Dios a verme;
y aunque es un susto muy fino,
(lo que es para mí) mayor 55
el irlo a ver se me hizo.
    Esperaba la guadaña,
todo temor, los sentidos,
todo confusión, el alma,
todo inquietud, el juicio. 60
    Queriendo ajustar de prisa,
lo que a espacio he cometido,
repasaba aquellas cuentas,

que tan sin cuenta he corrido.
  Y cuando pensé que ya, 65
según quimeras de Ovidio,
embarcada en el Leteo
registraba los abismos,
  del can trifauce escuchaba
los resonantes ladridos, 70
benignos siempre al que llega,
duros siempre al fugitivo.
  Allí miraba penantes
los espíritus precitos
que el Orco, siempre tremendo, 75
pueblan de varios suspiros.
  La vejez, el sueño, el llanto,
que adornan el atrio impío,
miré, según elegante
nos lo describe Virgilio. 80
  Cuál, el deleznable canto
sube por el monte altivo,
cuál en la peña sentado,
hace el descanso, suplicio.
  A cuál, el manjar verdugo, 85
para darle más castigo,
provocándole el deseo,
le burlaba el apetito.
  Cuál, de una ave carnicera
al imperio sometido, 90
inacabable alimento
es de insaciable ministro.
  Las atrevidas hermanas,
en pena del homicidio,
con vano afán intentaban 95
agotar el lago Estigio.
  Otras mil sombras miraba

con exquisitos martirios,
y a mejor librar, señor,
pisaba Campos Elíseos. 100
   Pero según las verdades
que con la fe recibimos,
miraba del purgatorio
el duro asignado sitio.
   De la divina justicia 105
admiraba allí lo activo,
que ella solamente suple
cordel, verdugo y cuchillos.
   Lastimábame el rigor
con que los fieros ministros 110
atormentaban las almas,
duramente vengativos.
   Miraba la proporción
de tormentos exquisitos,
con que se purgan las deudas 115
con orden distributivo.
   Miraba cómo hacer sabe
de las penas lo intensivo,
desmentidoras del tiempo,
juzgar los instantes, siglos. 120
   Y volviendo de mis culpas
a hacer la cuenta conmigo,
hallé que ninguna pena
les sobraba a mis delitos;
   antes bien, para mis culpas, 125
dignas de eterno suplicio,
por temporales pudieran
parecerles paraíso.
   Aquí, sin aliento el alma,
aquí, desmayado el brío, 130
el perdón, que no merezco,

pedí con mentales gritos.
  El Dios de piedad, entonces,
aquel Criador infinito,
cuya voluntad fecunda 135
todo de nada lo hizo,
  concediéndose a los ruegos
y a los piadosos suspiros
o a lo que es más, de su cuerpo
al sagrado sacrificio, 140
  del violento ardiente azote,
alzó piadoso el castigo,
que movió como recuerdo,
y conozco beneficio.
  Y con aquel vital soplo, 145
con aquel aliento vivo,
dio segunda vida a este
casi inanimado limo.
  En efecto, quedo ya
mejor, a vuestro servicio, 150
con más salud que merezco,
más buena que nunca he sido.
  Diréis que porqué os refiero
accidentes tan prolijos
y me pongo a contar males, 155
cuando bienes solicito.
  No voy muy descaminada,
escuchad, señor, os pido,
que en escuchar un informe,
consiste un recto juicio. 160
  Sabed, que cuando yo estaba
entre aquellos paroxismos
y últimos casi desmayos,
que os tengo ya referido,
  me daba gran desconsuelo 165

ver, que a tan largo camino,
sin todos mis sacramentos,
fuese en años tan crecidos;
   que ya vos sabéis que aquél
que se le sigue al bautismo   170
me falta, con perdón vuestro,
(que me corro de decirlo);
   porque como a los señores
mexicanos arzobispos
viene tan a espacio el Palio,   175
con tanta prisa pedido,
   viendo que dél carecían
iguales, grandes y chicos,
cada uno trató en la fe
de confirmarse a sí mismo.   180
   Y así, señor, no os enoje,
humildemente os suplico,
me asentéis muy bien la mano;
mirad que lo necesito.
   Sacudidme un bofetón   185
de esos sagrados armiños,
que me resuene en el alma
la gracia de su sonido.
   Dadme por un solo Dios
el sacramento que os pido,   190
y si no queréis por solo,
dádmelo por uno y trino.
   Mirad que es de no tenerlo,
mi sentimiento tan vivo,
que de no estar confirmada,   195
pienso que me desbautizo.
   No os pido que vengáis luego,
(que eso fuera desatino
que con razón mereciera

   vuestro enojo y mi castigo, 200
     que bien sé que ocupaciones
de negocios más precisos,
os usurpan del descanso
el más necesario alivio),
     sino que, pues de elecciones 205
casi está el tiempo cumplido,
entonces, señor, hagáis
dos mandatos de un avío.
     Así, príncipe preclaro,
vuestros méritos altivos 210
adorne gloriosamente
el cayado pontificio.
     Si yo os viera, padre santo,
tener, sacro vice-cristo,
del universal rebaño 215
el soberano dominio,
     diera saltos de contento,
(aunque éste es un regocijo
de maromero, que ha hecho
señal de placer los brincos), 220
     fuera a veros al instante,
que, aunque encerrada me miro,
con las llaves de san Pedro,
no nos faltara postigo.
     Y así, no penséis, señor, 225
que de estimaros me olvido
las licencias que en mí achaque
concedisteis tan propicio;
     que a tan divinos favores
con mi propia sangre escritos, 230
les doy, grabados en él,
el corazón por archivo.
     Perdonad, que con el gusto

de que os hablo no he advertido
que habréis para otros negocios 235
menester vuestros oídos.
 Y a Dios, que os guarde, señor,
mientras al mismo le pido
que os ponga en el pie una cruz
de las muchas del oficio. 240

Romance

Habiendo ya bautizado su hijo, da la enhorabuena de su nacimiento a la señora virreina

    No he querido, Lisi mía,
enviarte la enhorabuena
del hijo que Dios te dio,
hasta que a Dios lo volvieras;
    que en tu religión, señora,   5
aunque tu beldad lo engendra,
no querrás llamarle tuyo,
menos que de Dios lo sea.
    Crédito es de tu piedad,
que naciendo su excelencia   10
legítimo, tú le quieres
llamar hijo de la Iglesia;
    habiendo nacido a luz,
hasta que le amaneciera
la de la gracia, no estimes   15
la de la naturaleza.
    Gócesle en ella mil siglos
con tan cristiana pureza,
que aumente la que recibe
y la adquirida no pierda.   20
    Mires en su proceder
de piedad y de grandeza,
lo que en Alejandro, Olimpias,
lo que en Constantino, Elena.
    Enlace, con puesto heroico,   25
de las armas y las letras,
a los laureles de Marte,
las olivas de Minerva.
    Crezca gloria de su patria

y envidia de las ajenas, 30
y América, con sus partes,
las partes del orbe venza.
　En buena hora al occidente
traiga su prosapia excelsa,
que es Europa estrecha patria 35
a tanta familia regia.
　Levante América ufana
la coronada cabeza,
y el águila mexicana
el imperial vuelo tienda. 40
　Pues ya en su alcázar real
donde yace la grandeza
de gentiles Moctezumas,
nacen católicos Cerdas.
　Crezca ese amor generoso, 45
y en el valor y belleza,
pues de Marte y Venus nace,
a Marte y Venus parezca.
　Belona le dé las armas,
Amor le ofrezca las flechas, 50
ríndale Alcides la clava,
Apolo le dé la ciencia.
　Crezca ese nuevo Alejandro,
viva ese piadoso Eneas,
dure ese mejor Pompilio, 55
campe ese heroico Mecenas.
　Que el haber nacido en julio
no fue acaso, que fue fuerza,
siendo príncipe tan grande,
que naciese Julio César. 60
　Ya imagino que le miro
en la edad pueril primera,
pasarse por la cartilla

hasta que un Catón parezca,
  y ya en la que los romanos,   65
teniéndola por provecta,
a viril toga trocaban
las bulas, y la pretexta.
  Aquí sí que le verán
el valor y la elocuencia,   70
admirando las campanas,
coronando las escuelas.
  Aquí sí que, confundidas,
el mundo verá en su diestra,
a los rasgos de la pluma,   75
de la espada las violencias.
  Aquí sí que han de llamarle
las profesiones opuestas,
por su prudencia, la paz,
y por su valor, la guerra.   80
  Aquí sí que el mejor Julio
de erudición y prudencia,
coronista de sí mismo,
escribirá sus proezas.
  Aquí sí que se ha de ver   85
una maravilla nueva,
de añadir más a lo más,
de que lo máximo crezca.
  Aquí sí que si yo vivo,
aunque esté ya con muletas,   90
piensa mi musa a su fama
añadir plumas y lenguas.
  Y aquí ceso de escribirte,
pues para toda esta arenga
en que viva eternidades   95
el niño, y tú que las veas.

Loa a los años de la reina nuestra señora doña María Luisa de Borbón

Hablan en ella:

Entendimiento
Voluntad
Memoria
Tiempo Pasado
Presente
Futuro

(Cantan dentro.)

Coros de Música Para celebrar los años
 de la que en las almas reina
 como su imperio más propio,
 sola el alma la celebra.
 Y porque a obsequio tan grande 5
 dignos personajes vengan,
 sin que deslustre su aplauso
 del sentido la bajeza,
 a sus potencias dice:
 ¡Salid potencias, 10
 que no es para el sentido
 tanta belleza!

(Córrese una cortina y aparecen la Voluntad, de reina; el Entendimiento como doctor; la Memoria, de dama.)

Entendimiento Ya que en objetos visibles
 de metafórica idea
 de la interior perfección 15
 del alma racional, muestra

queremos dar en los tres,
porque pueda la rudeza
del sentido percibir
las invisibles esencias, 20
y por aquéllos alcance
(con su condición grosera)
y pueda elevarse a amar
las cosas que no penetra,
haciendo, con esta industria, 25
que de un mismo asunto sea
una cosa la que mire
y otra cosa la que entienda;
y pues yo al Entendimiento,
tú a la Voluntad y aquélla 30
representa a la Memoria,
siendo todos una mesma
cosa en el alma, aunque somos
operaciones diversas
(pues todas tres son el alma, 35
y el alma es toda cualquiera,
en que cada parte es todo,
como indivisible esencia),
y pues al Entendimiento
tocan todas las propuestas 40
que después la Voluntad
las admite o las reprueba,
yo quiero empezar.
Sabed,
que la soberana, excelsa,
digna consorte de Carlos 45
que en edad florida...

Memoria   Espera
que te faltan mis avisos

para ver las congruencias
que tienes en tus razones,
pues sin la memoria apenas   50
tuviera el entendimiento
para discurrir, materia.
Yo soy el archivo, yo
depósito donde encierra
de sus especies, el alma,   55
los tesoros y riquezas;
y así, infórmate de mí,
para que tú después puedas
persuadir la voluntad
sin que el orden se pervierta.   60
Aquesto supuesto, sabe
que la beldad que veneran
más los afectos, deidad,
que los rendimientos, reina,
la que, más que de sus timbres,   65
coronada de sus prendas,
pasó a rosa de Castilla,
siendo flor de lis francesa;
la soberana María
Luisa, mas, iay, que la lengua   70
se arrebata tras el nombre
todas las demás potencias!
Pero bien hice en nombrarla,
pues solamente pudiera
en lo grande de su nombre   75
caber toda su excelencia.
Hoy, al venturoso curso
de su edad florida y tierna,
pone a un círculo de luz
cláusula una primavera.   80
Mira los estrechos lazos

con que las familias regias
de Austria, Borbón y Valois,
tan dulcemente se estrechan,
que Alemania, España y Francia, 85
partes de Europa supremas,
comprende el círculo dulce
de su amorosa cadena.
Mira las obligaciones
que en mutua correspondencia, 90
por Francia obligan a España,
y a España por Francia empeñan;
y mira...

Entendimiento   Basta, no más,
que es muy difusa materia,
y es poco papel el cielo 95
para escribir sus grandezas.
Años solo es el asunto,
dar años solo es la empresa;
y así, Voluntad, supuesto
que de nuestra hermosa reina 100
el dichoso natalicio
hemos de aplaudir, quisiera
fueses la primera tú,
pues es razón que prefiera
en los aplausos reales, 105
la reina de las potencias.
Y supuesto que sin ti
no es posible que merezca
lo que acuerda la memoria
ni lo que el discurso piensa, 110
da tú tu consentimiento,
porque yo discurrir pueda
lo demás...

Voluntad	Ya te lo doy,	
	y no a ciegas como piensas,	
	porque a belleza que pasa	115
	de ser material belleza,	
	no ha menester para amarla	
	estar la voluntad ciega,	
	pues cuanto los ojos más	
	en contemplarla se emplean,	120
	tantas más razones halla	
	la voluntad de estar presa.	
	Y así, para que el festejo	
	empiece, cada potencia	
	invoque aquella porción	125
	del tiempo que pertenezca	
	a su operación.	
Memoria	A mí	
	me viene a tocar por fuerza,	
	el acordar lo pasado,	
	pues mi operación se emplea	130
	siempre en pretéritos casos.	
Voluntad	A mí es preciso me quepa	
	lo presente pues mi acción,	
	que es amar, dice presencia.	
Entendimiento	Según eso, lo futuro	135
	saco yo por consecuencia	
	que me toca, y con razón,	
	pues el vuelo que me alienta,	
	no solo de lo pasado	
	revuelve cenizas muertas,	140
	ni de lo presente solo	

	los varios lazos concuerda,	
	sino que, de lo futuro	
	en la reservada sonda,	
	anota las conjeturas,	145
	si ignora las evidencias.	

Voluntad   Pues la invocación empiece;
                y porque con orden sea,
                empiécela la Memoria.

Memoria   Tu precepto es mi obediencia.   150
(Canta.)   ¡Ah, del tiempo pasado,
                protocolo del mundo, en quien el hado,
                de sus judicaturas,
                conserva las antiguas escrituras!

Voluntad (Canta.) ¡Ah, del tiempo presente,   155
                flexible instante que tan velozmente
                pasa, que quien te alaba,
                presente empieza y en pasado acaba!

Entendimiento (Canta.)
                ¡Ah, del tiempo futuro,
                muralla excelsa, inexpugnable muro,   160
                que aun al ángel negado,
                eres al Criador solo reservado!

C. 1. (Dentro.) ¿Quién mi quietud perturba?

Memoria   Quien busca en ti los triunfos que sepultas.

C. 2.   ¿Quién mi placer ofusca?   165

Voluntad   Quien te pide las glorias que en ti

	triunfan.	
C. 3.	¿Quién mis términos busca?	
Entendimiento	Quien tus misterios penetrar procura.	
Memoria	Ven a mi voz, para que	
	las que parecen difuntas	170
	glorias se animen al nuevo	
	esplendor que las ilustra.	
C. 1.	¿Quién eres, que atrevida me conjuras?	
Memoria	La Memoria, que siempre fue en tu ayuda.	
Voluntad	Ven a mi voz, para que	175
	en permanentes venturas,	
	la gloria que representas,	
	no llegue a pasada nunca.	
C. 2.	¿Quién eres, que me asustas?	
Voluntad	La Voluntad, que en ti sus dichas funda.	180
	Ven a mis ecos, y vean	
	que ha conseguido la industria	
	hacer parecer presentes	
	glorias de edades futuras.	
C. 3.	¿Quién así me apresura?	185
Entendimiento	Entendimiento, que tu bien anuncia.	
C. 1, 2 y 3.	¿Y quién sois todas tres?	

M., V. y Entendimiento	El alma junta que para dar unos años a la soberana, augusta, hermosa Reina a quien hace el ingenio y la hermosura, reina de los bosques, éste, y aquélla, de las espumas; de vuestro fluxible curso las tres edades, que juntas constituyen una edad, llama, porque no presuma el mundo que hay diferencia del tiempo ni ha habido nunca que no conozca rendido vasallaje a su hermosura.	190 195 200
Memoria	Y así la pasada edad, de sus venerables urnas saque los pasados regios esplendores que la ilustran.	205
M. y C.	Que la luz pura por antigua que sea, nunca caduca.	
Voluntad	La presente, más gloriosa en que su beldad la ocupa, a sus benignos influjos dorados siglos produzca.	210
V. y Memoria	Para que nunca	

| | falte a su edad el oro
de la ventura. | 215 |

Entendimiento   Y, en la sucesión dichosa
                  que ya mi afecto le anuncia,
                  siempre en eternos laureles
                  la venere, la futura.

E. y Memoria   Porque absoluta   220
                  en tres edades reina,
                  viviendo en una.

(Sale el tiempo Pasado, viejo, con un libro en la mano, por donde está la Memoria.)

Pasado. Memoria   pues a ti solo te es dado
                  hacer que sea presente lo pasado,
                  pues resucitas en tu estimativa   225
                  de la ya muerta gloria, imagen viva,
                  guardando en sus mentales caracteres,
                  las cosas que tener presentes quieres,
                  ya está aquí a tu mandado,
                  el volumen del tiempo que ha pasado.   230

(Sale el tiempo Presente, mozo, con un ramillete.)

Pr. Voluntad   pues tu imperio solamente
                  se puede ejecutar en lo presente,
                  pues deshacer no puede lo pasado
                  ni obrar tampoco en lo que no ha llegado;
                  en esta vana pompa de las flores,   235
                  en que se simbolizaron mis verdores,
                  puedes mandar ufana,
                  pues te conozco reina soberana.

(Sale el tiempo Futuro con una brújula y un tintero.)

F. Entendimiento pues tu vuelo osado
 pasa de lo presente a lo pasado, 240
 y por tus conjeturas, mal seguro,
 quieres vaticinar en lo futuro,
 ya tienes de este espejo en los reflejos,
 de lo futuro los distantes lejos,
 donde se ven con brújula, aunque oscura, 245
 los casos de tu cuerda conjetura.

Entendimiento Pues ya estáis juntos los tres,
 solo falta que empecemos
 la debida aclamación
 de nuestros nobles deseos. 250

Memoria Y pues por su antigüedad
 es justo dar el primero
 lugar al tiempo pasado
 para que empiece el festejo,
 él lo podrá comenzar. 255

Pasado Ya, reverente, obedezco.
(Canta.) Pues solo en no haber sido
 servirá lo pasado,
 yo le ofrezco postrado
 hoy a su abril florido, 260
 no contarle los años que ha vivido.

Presente Ufana mi obediencia
 a sus plantas reales
 con afectos leales,
 ofrece en mi presencia, 265

	la edad de oro, pues lo es con su asistencia.	
Futuro	Yo, al tierno cristal puro
	de su pie soberano,
	llego a ofrecer ufano
	a su imperio seguro,	270
	la incógnita región de lo futuro.
P., Pr. y Futuro	Y el tiempo todo en estos tres cifrado
	os ofrece, postrado:
Presente	lo presente,
Futuro	futuro,
Pasado	y lo pasado.
P., Pr, y Futuro	Porque sus años cuente,	275
Futuro	lo futuro,
Pasado	pretérito,
Presente	y presente.
P., Pr. y Futuro	Y en dominio seguro,
Presente	lo presente,
Pasado	pretérito,
Futuro	y futuro.
Pasado	Pues para hacer lo pasado

	sus perfecciones cabales,	280
	con tantas líneas reales	
	tantas copias ha formado	
	en que el mundo ha dominado	
	aun sin llegarse a animar,	
	no habrá mucho que admirar	285
	si al cielo llego a pedir	
	que su reino, sin vivir,	
	hoy viva para reinar.	
Coros de Música	¡Para que haga	
	ser venturas presentes	290
	glorias pasadas!	
Presente	Yo pido a Dios, que el estado	
	del tiempo tan permanente	
	esté, que siendo presente,	
	nunca llegue a ser pasado,	295
	sino que en siglo dorado,	
	de variedades seguro,	
	conserve el estado puro	
	en que reine su beldad,	
	con que siendo eternidad,	300
	no haya que esperar futuro.	
Coros de Música	¡Pues en lo eterno,	
	no hay que esperar que pase	
	ni venga el tiempo!	
Futuro	Lo futuro llegue a ver	305
	con modo tan singular,	
	que aunque tenga qué esperar,	
	nunca tenga qué temer.	
	Y siempre en un mismo ser	

	su soberana beldad	310
	goce tal perpetuidad	
	que, viviendo sin medida,	
	la edad respete a la vida,	
	y no la vida a la edad.	

Coros	¡Y de su vida	315
	el tiempo sea medido,	
	no sea medida!	

Memoria	Y que, siendo su influencia,	
	de España esperanza y gloria,	
	siempre tenga la memoria	320
	recuerdos en su presencia,	
	y gozando su asistencia	
	hermosa, sin apartarse,	
	tan feliz llegue a mirarse	
	en gozar su perfección,	325
	que quite la posesión	
	el mérito de acordarse.	

Coros	¡Porque es la ausencia,	
	más que el cristal, verdugo	
	de la fineza!	330

Voluntad	Yo, aunque el premio se me impida,	
	pues cuando estoy más postrada,	
	pierdo por bien empleada	
	el mérito de rendida,	
	como más favorecida	335
	pido que la eternidad	
	en que reine su beldad	
	se funde en mi cautiverio,	
	pues reina más que en su imperio,	

	quien reina en la voluntad.	340
Coros	¡Con la ventaja que al dominio del cuerpo hace el del alma!	
Entendimiento	Yo, que según mi ser, siento que es mayor dificultad que prender la voluntad vencer al Entendimiento, y pues es el vencimiento mayor de su perfección, conserve eterna la unión de hermosura y sutileza, y una, razón de belleza, belleza de la razón.	345 350
Coros	¡Porque se vea que es dos veces hermosa la que es discreta!	355
Pasado	Viva, para que los dos mundos la sirvan a un tiempo, breve círculo a sus sienes, y globo a sus pies pequeños.	360
Coros	¡Que a su persona, son los brazos de Carlos solo coronas!	
Presente	Viva, porque la hermosura y el amor produzca bellos Anteros de mejor Marte, Cupidos de mejor Venus.	365

Coros	¡Que poderosos,	
	por amor más que fuerza,	
	lo rindan todo!	370
Futuro	Viva, porque el orbe todo	
	en su universal imperio,	
	si algo resistió a lo fuerte,	
	lo rinda ahora a lo bello.	
Coros	¡Que a la hermosura,	375
	es el que más se rinde,	
	quien mejor triunfa!	
Memoria	Viva, porque goce España	
	los gloriosos herederos	
	del valor y la nobleza,	380
	de la beldad y el ingenio.	
Coros	¡Para que excedan	
	a los demás en partes,	
	como en potencia!	
Voluntad	Viva, porque en paz tranquila,	385
	y porque en dulce sosiego,	
	los castillos y las lises	
	hagan maridaje eterno.	
Coros	¡Pues su hermosura	
	firma mejores paces	390
	que la de Julia!	
Entendimiento	Viva, pues, porque feliz	
	en abril florido y tierno,	

	nunca tema su beldad	
	las variedades del tiempo.	395
Coros	¡Para que, eterna,	
	tenga de edad los siglos	
	que de belleza!	
Entendimiento	Y el católico monarca,	
	fénix español, que el cielo	400
	conserve eternas edades	
	por columna de su imperio,	
	galán español, Adonis,	
	que junta en dulce himeneo,	
	tanto ardor a tantas luces,	405
	tanto Sol a tanto cielo,	
	con la divina Mariana,	
	a cuyo piadoso celo	
	le debe el orbe las dichas,	
	como España los aciertos;	410
	¡vivan eternos,	
	que no es menor mensura	
	la del deseo!	
Coros y todos	¡Vivan eternos,	
	que no es menor mensura	415
	la del deseo!	
Memoria	Y el invictísimo Cerda,	
	en cuyo invencible pecho,	
	viste su celo la real	
	púrpura del parentesco,	420
	con cuyos altos ardores,	
	con cuyo divino vuelo,	
	solo su asistencia puede	

	satisfacer tanto empeño.	
Voluntad	Y vos, señora, en quien forman	425
	belleza y entendimiento,	
	portentos de la hermosura,	
	y hermosura de portentos;	
	perdonad la cortedad	
	que a vista de vuestro cielo,	430
	cuando quiero hallar las voces,	
	encuentro con los afectos.	
Coros	¡Vivid eternos,	
	que no es menor mensura	
	la del deseo!	435
Pasado	Y vos ínclito senado,	
	en quien se admiran a un tiempo,	
	de justicia y de piedad	
	los dos distantes extremos;	
	¡vivid eterno,	440
	que no es menor mensura	
	la del deseo!	
Presente	Vosotras, sacras deidades,	
	rosas a quien son arqueros,	
	contra invasiones de amor,	445
	las espinas del respecto;	
	¡vivid eternas,	
	que no es menor mensura	
	la del deseo!	
Futuro	Y la Muy Noble Ciudad,	450
	nobleza y plebe, en quien veo	
	de diferentes mitades	

formar la lealtad un cuerpo;
¡vivan eternos,
que no es menor mensura 455
la del deseo!

Coros y todos   ¡Vivan eternos,
que no es menor mensura
la del deseo!

Ovillejos

Pinta en jocoso numen, igual con el tan célebre de Jacinto Polo, una belleza

    El pintar de Lisarda la belleza,
en que a sí se excedió naturaleza,
con un estilo llano,
se me viene a la pluma y a la mano.
Y cierto que es locura   5
el querer retratar yo su hermosura,
sin haber en mi vida dibujado,
ni saber qué es azul o colorado,
qué es regla, qué es pincel, oscuro o claro,
aparejo, retoque ni reparo.   10
El diablo me ha metido en ser pintora;
dejémoslo, mi musa, por ahora,
a quien sepa el oficio;
mas esta tentación me quita el juicio,
y sin dejarme pizca,   15
ya no solo me tienta, me pellizca,
me cozca, me hormiguea,
me punza, me rempuja y me aporrea.
Yo tengo de pintar, dé donde diere,
salga como saliere,   20
aunque saque un retrato
tal, que después le ponga: aquéste es gato.
Pues no soy la primera
que con hurtos de Sol y primavera
echa, con mil primores,   25
una mujer en efusión de flores;
y después que muy bien alambicada
sacan una belleza destilada,
cuando el hervor se entibia,
pensaban que es rosada, y es endibia.   30

Mas no pienso robar yo sus colores;
descansen, por aquesta vez las flores,
que no quiere mi musa ni se mete
en hacer su hermosura ramillete.
¿Mas con qué he de pintar, si ya la vena   35
no se tiene por buena,
si no forma, hortelana en sus colores,
un gran cuadro de flores?
¡Oh siglo desdichado y desvalido
en que todo lo hallamos ya servido!   40
Pues que no hay voz, equívoco ni frase
que por común no pase
y digan los censores:
¿Eso?, ¡ya lo pensaron los mayores!
¡Dichosos los antiguos que tuvieron   45
sus conceptos de albores,
de luces, de reflejos y de flores!:
que entonces era el Sol, nuevo, flamante,
y andaba tan valido lo brillante
que el decir que el cabello era un tesoro,   50
valía otro tanto oro.
Pues las estrellas, con sus rayos rojos,
cuando eran celebradas:
oh dulces luces por mi mal halladas,
dulces y alegres cuando Dios quería;   55
pues ya no os puede usar la musa mía
sin que diga, severo, algún letrado
que Garcilaso está muy maltratado,
y en lugar indecente;
mas si no es a su musa competente   60
y le ha de dar enojo semejante,
quite aquellos dos versos, y adelante.
Digo, pues, que el coral entre los sabios
se estaba con la grana aún en los labios,

y las perlas con nítidos orientes 65
andaban enseñándose a ser dientes;
y alegaba la concha, no muy loca,
que si ellas dientes son, ella es la boca;
y así entonces, no hay duda,
empezó la belleza a ser conchuda. 70
Pues las piedras (¡ay Dios, y qué riqueza!)
era una platería, una belleza,
que llevaba por dote en sus facciones
mas de treinta millones.
Esto sí era hacer versos descansado, 75
y no en aqueste siglo desdichado
y de tal desventura,
que está ya tan cansada la hermosura
de verse en los planteles
de azucenas, de rosas y claveles, 80
ya del tiempo marchitos,
recogiendo humedades y mosquitos,
que con enfado extraño
quisiera más un saco de ermitaño.
Y así andan los poetas desvalidos, 85
achicando antiguallas de vestidos,
y tal vez sin mancilla,
lo que es jubón ajustan a ropilla,
o hacen de unos centones
de remiendos diversos, los calzones, 90
y nos quieren vender por extremada,
una belleza rota, y remendada.
¿Pues qué es ver las metáforas cansadas
en que han dado las musas alcanzadas?
No hay ciencia, arte ni oficio, 95
que con extraño vicio,
los poetas, con vana sutileza,
no anden acomodando a la belleza,

y pensando que pintan de los cielos,
hacen unos retablos de sus duelos.   100
Pero diránme ahora
que quién a mí me mete en ser censora,
que de lo que no entiendo es grave exceso;
pero yo les respondo, que por eso,
que siempre el que censura y contradice   105
es quien menos entiende lo que dice.
Mas si alguno se irrita,
murmúreme también, ¿quién se lo quita?
No haya miedo que en eso me fatigue
ni que a ninguno obligue   110
a que encargue su alma,
téngansela en su palma
y haga lo que quisiere,
pues su sudor le cuesta al que leyere.
Y si ha de disgustarse con leello,   115
vénguense del trabajo con mordello,
y allá me las den todas,
pues yo no me he de hallar en esas bodas.
¿Ven?, pues esto de bodas es constante
que lo dije por solo el consonante;   120
si alguno halla otra voz que más expresa,
yo le doy mi poder y quíteme ésa.
Mas volviendo a mi arenga comenzada,
¡válgate por Lisarda retratada,
y qué difícil eres!   125
No es mala propiedad en las mujeres.
Mas ya lo prometí, cumplillo es fuerza,
aunque las manos tuerza,
a acaballo me obligo;
pues tomo bien la pluma, y ¡Dios conmigo! 130
Vaya pues de retrato;
denme un «Dios te socorra» de barato.

¡Ay!, con toda la trampa
que una musa de la hampa
a quien ayuda tan propicio Apolo, 135
se haya rozado con Jacinto Polo
en aquel conceptillo desdichado,
¡y pensarán que es robo muy pensado!
Es, pues, Lisarda, es pues, ¡ay Dios, qué aprieto!
No sé quién es Lisarda, les prometo; 140
que mi atención sencilla,
pintarla prometió, no definilla.
Digo pues, ¡oh qué pueses tan soeces!:
todo el papel he de llenar de pueses.
¡Jesús, qué mal empiezo! 145
Principio iba a decir, ya lo confieso,
y acordéme al instante
que principio no tiene consonante;
perdonen, que esta mengua
es de que no me ayuda bien la lengua. 150
¡Jesús!, y qué cansados
estarán de esperar desesperados
los tales mis oyentes;
mas si esperar no gustan impacientes
y juzgaren que es largo y que es pesado, 155
vayan con Dios, que ya eso se ha acabado,
que quedándome sola y retirada,
mi borrador haré más descansada.
Por el cabello empiezo, esténse quedos,
que hay aquí que pintar muchos enredos; 160
no hallo comparación que bien les cuadre:
¡que para poco me parió mi madre!
¿Rayos del Sol? Ya aqueso se ha pasado,
la pragmática nueva lo ha quitado.
¿Cuerda de arco de amor, en dulce trance?; 165
eso es llamarlo cerda, en buen romance.

¡Qué linda ocasión era
de tomar la ocasión por la mollera!
Pero aquesa ocasión ya se ha pasado,
y calva está de haberla repelado.   170
Y así en su calva lisa
su cabellera irá también postiza,
y el que llega a cogella,
se queda con el pelo y no con ella;
y en fin después de tanto dar en ello,   175
¿qué tenemos, mi musa, de cabello?
El de Absalón viniera aquí nacido,
por tener mi discurso suspendido;
mas no quiero meterme yo en hondura,
ni en hacerme que entiendo de Escritura.   180
En ser cabello de Lisarda quede
que es lo que encarecerse más se puede,
y bájese a la frente mi reparo;
gracias a Dios que salgo hacia lo claro,
que me pude perder en su espesura,   185
si no saliera por la comisura.
Tendrá, pues, la tal frente,
una caballería largamente,
según está de limpia y despejada;
y si temen por esto verla arada,   190
pierdan ese recelo,
que estas caballerías son del cielo.
¿Qué apostamos que ahora piensan todos,
que he perdido los modos
del estilo burlesco,   195
pues que ya por los cielos encarezco?
Pues no fue ese mi intento,
que yo no me acordé del firmamento,
porque mi estilo llano,
se tiene acá otros cielos más a mano;   200

que a ninguna belleza se le veda
el que tener dos cielos juntos pueda.
¿Y cómo? Uno en su boca, otro en la frente,
¡por Dios que lo he enmendado lindamente!
Las cejas son, ¿agora diré arcos?   205
No, que es su consonante luego zarcos,
y si yo pinto zarca su hermosura,
dará Lisarda al diablo la pintura
y me dirá que solo algún demonio
levantara tan falso testimonio.   210
Pues yo lo he de decir, y en esto agora
conozco que del todo soy pintora,
que mentir de un retrato en los primores,
es el último examen de pintores.
En fin, ya con ser arcos se han salido; 215
mas, ¿qué piensan que digo de Cupido
o el que es la paz del día?
Pues no son sino de una cañería
por donde encaña el agua a sus enojos;
por más señas, que tiene allí dos ojos. 220
¿Esto quién lo ha pensado?
¿Me dirán que esto es viejo y es trillado?
Mas ya que los nombré, fuerza es pintallos,
aunque no tope verso en qué colgallos;
¡nunca yo los mentara   225
que quizás al lector se le olvidara!
Empiezo a pintar pues; nadie se ría
de ver que titubea mi Talía,
que no es hacer buñuelos,
pues tienen su pimienta los ojuelos;   230
y no hallo, en mi conciencia,
comparación que tenga conveniencia
con tantos arreboles.
¡Jesús!, ¿no estuve en un tris de decir soles?

¡Qué grande barbarismo! 235
Apolo me defienda de sí mismo,
que a los que son de luces sus pecados,
los veo condenar de alucinados;
y temerosa yo, viendo su arrojo,
trato de echar mis luces en remojo. 240
Tentación solariega en mí es extraña;
¡que se vaya a tentar a la montaña!
En fin, yo no hallo símil competente
por más que doy palmadas en la frente
y las uñas me como; 245
¿dónde el viste estará y el así como,
que siempre tan activos
se andan a principiar comparativos?
Mas, ¡ay!, que donde vistes hubo antaño,
no hay así como hogaño. 250
Pues váyanse sin ellos muy serenos,
que no por eso dejan de ser buenos
y de ser manantial de perfecciones,
que no todo ha de ser comparaciones,
y ojos de una beldad tan peregrina, 255
razón es ya que salgan de madrina,
pues a sus niñas fuera hacer ultraje
querer tenerlas siempre en pupilaje.
En fin, nada les cuadra, que es locura
al círculo buscar la cuadradura. 260
Síguese la nariz, y es tan seguida,
que ya quedó con esto definida;
que hay nariz tortizosa, tan tremenda,
que no hay geómetra alguno que la entienda.
Pásome a las mejillas, 265
y aunque es su consonante maravillas,
no las quiero yo hacer predicadores
que digan: «Aprended de mí», a las flores;

mas si he de confesarles mi pecado,
algo el carmín y grana me ha tentado,   270
mas agora ponérsela no quiero;
si ella la quiere, gaste su dinero,
que es grande bobería
el quererla afeitar a costa mía.
Ellas, en fin, aunque parecen rosa,   275
lo cierto es que son carne y no otra cosa.
¡Válgame Dios, lo que se sigue agora!
Haciéndome está cocos el Aurora
por ver si la comparo con su boca,
y el oriente con perlas me provoca;   280
pero no hay que mirarme,
que ni una sed de oriente ha de costarme.
Es, en efecto, de color tan fina,
que parece bocado de cecina;
y no he dicho muy mal, pues de salada,   285
dicen que se le ha puesto colorada.
¿Ven como sé hacer comparaciones
muy propias en algunas ocasiones?
Y es que donde no piensa el que es más vivo,
salta el comparativo;   290
y si alguno dijere que es grosera
una comparación de esta manera,
respóndame la musa más ufana:
¿es mejor el gusano de la grana,
o el clavel, que si el gusto los apura,   295
hará echar las entrañas su amargura?
Con todo, numen mío,
aquesto de la boca va muy frío:
yo digo mi pecado,
ya está el pincel cansado;   300
pero pues tengo ya frialdad tanta,
gastemos esta nieve en la garganta,

que la tiene tan blanca y tan helada,
que le sale la voz garapiñada.
Mas por sus pasos, yendo a paso llano,   305
se me vienen las manos a la mano:
aquí habré menester grande cuidado,
que ya toda la nieve se ha gastado,
y para la blancura que atesora,
no me ha quedado ni una cantimplora;   310
y fue la causa de esto
que como iba sin sal, se gastó presto.
Mas, puesto que pintarla solicito,
¡por la Virgen!, que esperen un tantito,
mientras la pluma tajo   315
y me alivio un poquito del trabajo;
y por decir verdad, mientras suspensa
mi imaginación piensa
algún concepto que a sus manos venga.
¡Oh si Lisarda se llamara Menga!   320
¡Qué equívoco tan lindo me ocurría,
que solo por el nombre se me enfría!
Ello, fui desgraciada
en estar ya Lisarda bautizada.
Acabemos, que el tiempo nunca sobra;   325
a las manos, y manos a la obra.
Empiezo por la diestra
que, aunque no es menos bella la siniestra,
a la pintura, es llano,
que se le ha de asentar la primer mano.   330
Es, pues, blanca y hermosa con exceso,
porque es de carne y hueso,
no de marfil ni plata, que es quimera
que a una estatua servir solo pudiera;
y con esto, aunque es bella,   335
sabe su dueño bien servirse de ella,

y la estima bizarra,
más que no porque luce, porque agarra;
pues no le queda en fuga la siniestra,
porque aunque no es tan diestra   340
y es algo menos en su ligereza,
no tiene un dedo menos de belleza.
Aquí viene rodada
una comparación acomodada;
porque no hay duda, es llano,   345
que es la una mano como la otra mano.
Y si alguno dijere que es friolera
el querer comparar de esta manera,
respondo a su censura
que el tal no sabe lo que se mormura,   350
pues pudiera muy bien naturaleza
haber sacado manca esta belleza,
que yo he visto bellezas muy hamponas,
que si mancas no son, son mancarronas.
Ahora falta a mi musa la estrechura   355
de pintar la cintura;
en ella he de gastar poco capricho,
pues con decirlo breve, se está dicho:
porque ella es tan delgada,
que en una línea queda ya pintada.   360
El pie yo no lo he visto, y fuera engaño
retratar el tamaño,
ni mi musa sus puntos considera
porque no es zapatera;
pero según airoso el cuerpo mueve,   365
debe el pie de ser breve,
pues que es, nadie ha ignorado,
el pie de arte mayor, largo y pesado;
y si en cuenta ha de entrar la vestidura,
que ya es el traje parte en la hermosura, 370

«el hasta aquí» del garbo y de la gala
a la suya no iguala,
de fiesta o de revuelta,
porque está bien prendida y más bien suelta.
Un adorno garboso y no afectado, 375
que parece descuido y es cuidado;
un aire con que arrastra la tal niña
con aseado desprecio la basquiña,
en que se van pegando
las almas entre el polvo que va hollando. 380
Un arrojar el pelo por un lado,
como que la congoja por copado,
y al arrojar el pelo,
descubrir un: ¡por tanto digo «cielo»,
quebrantando la ley!, mas ¿qué importara 385
que yo la quebrantara?
A nadie cause escándalo ni espanto,
pues no es la ley de Dios la que quebranto;
y con tanto, si a ucedes les parece,
será razón que ya el retrato cese, 390
que no quiero cansarme,
pues ni aun el costo de él han de pagarme;
veinte años de cumplir en mayo acaba:
Juana Inés de la Cruz la retrataba.

Redondillas. Arguye de inconsecuentes el gusto y la censura de los hombres, que en las mujeres acusan lo que causan

    Hombres necios que acusáis
a la mujer sin razón,
sin ver que sois la ocasión,
de lo mismo que culpáis:
    si con ansia sin igual   5
solicitáis su desdén,
¿por qué queréis que obren bien,
si las incitáis al mal?
    Combatís su resistencia,
y luego, con gravedad,   10
decís que fue liviandad
lo que hizo la diligencia.
    Parecer quiere el denuedo
de vuestro parecer loco,
al niño que pone el coco   15
y luego le tiene miedo.
    Queréis, con presunción necia,
hallar a la que buscáis,
para pretendida, Tais,
y en la posesión, Lucrecia.   20
    ¿Qué humor puede ser más raro
que el que falto de consejo,
él mismo empaña el espejo,
y siente que no esté claro?
    Con el favor y el desdén   25
tenéis condición igual,
quejándoos, si os tratan mal,
burlándoos, si os quieren bien.
    Opinión ninguna gana,
pues la que más se recata,   30
si no os admite, es ingrata,

y si os admite, es liviana.
   Siempre tan necios andáis
que, con desigual nivel,
a una culpáis por cruel,   35
y a otra por fácil culpáis.
   ¿Pues cómo ha de estar templada
la que vuestro amor pretende,
si la que es ingrata, ofende,
y la que es fácil, enfada?   40
   Mas entre el enfado y pena
que vuestro gusto refiere,
bien haya la que no os quiere,
y quejaos en hora buena.
   Dan vuestras amantes penas   45
a sus libertades, alas,
y después de hacerlas malas,
las queréis hallar muy buenas.
   ¿Cuál mayor culpa ha tenido
en una pasión errada,   50
la que cae de rogada,
o el que ruega de caído?
   ¿O cuál es más de culpar,
aunque cualquiera mal haga,
la que peca por la paga,   55
o el que paga por pecar?
   ¿Pues para qué os espantáis
de la culpa que tenéis?
Queredlas cual las hacéis,
o hacedlas cual las buscáis.   60
   Dejad de solicitar,
y después, con más razón,
acusaréis la afición
de la que os fuere a rogar.
   Bien con muchas armas fundo   65

que lidia vuestra arrogancia,
pues en promesa e instancia,
juntáis diablo, carne y mundo.

Loa

Loa al mismo asunto
Hablan en ella:

La vida
La Majestad
La Plebe
La Naturaleza
La Lealtad
Música: dos Coros

(Cantan dentro.)

Coro 1.　　　　Aunque de la vida son
　　　　　　　por fuerza todos los días,
　　　　　　　éste por antonomasia
　　　　　　　es el día de la vida,
　　　　　　　pues naciendo en él Carlos,　　　　5
　　　　　　　si bien se mira,
　　　　　　　de vida es aquel solo,
　　　　　　　que lo es de dicha.

Coro 2.　　　　Pues de las sacras, reales,
　　　　　　　altas, augustas cenizas,　　　　　10
　　　　　　　bello, generoso Fénix,
　　　　　　　más que nace, resucita.
　　　　　　　La Majestad le aplauda,
　　　　　　　porque no es digna
　　　　　　　de aplaudir a los reyes　　　　　15
　　　　　　　la común vida.

(Sale la Vida de dama.)

Vida	Con cuánta razón, ¡oh grave,	
	métrica, dulce armonía,	
	de tan alto, heroico asunto	
	el alto timbre me aplicas!,	20
	pues siendo la Vida yo,	
	en quien los mortales cifran	
	todo el fin de sus anhelos,	
	todo el colmo de sus dichas;	
	díganlo tantos cuidados,	25
	díganlo tantas fatigas,	
	tantos ansiosos desvelos,	
	tantas tristes agonías,	
	tantas prudentes cautelas,	
	tantas indignas mentiras,	30
	tantas industrias y tantas	
	diligencias exquisitas	
	como hacen los hombres, solo	
	para conservar la vida.	
	¿Qué servidumbre hay tan baja,	35
	qué enfermedad tan prolija,	
	que cautiverio tan duro,	
	qué suerte tan abatida,	
	qué deshonor tan sensible,	
	qué pobreza tan impía,	40
	qué pérdida tan costosa,	
	ni qué prisión tan esquiva,	
	que no padezca constante,	
	que no tolere sufrida,	
	del deseo de vivir	45
	aquella innata caricia?	
	Pues si aun la que es desdichada	
	goza la prerrogativa	
	de ser amada del hombre,	
	¿qué será la que, lucida,	50

                    púrpura real arrastra,
                    altos palacios habita,
                    sacros laureles se ciñe,
                    soberanos timbres pisa,
                    gobierna opulentos reinos,   55
                    rige diversas provincias,
                    tiene esforzado valor,
                    goza juventud florida,
                    la adorna cana prudencia,
                    le asiste salud cumplida   60
                    como se ve en nuestro grande
                    Carlos, de quien hoy festiva
                    el natalicio dichoso
                    aplaudo, mostrando fina,
                    que el día que al mundo nace,   65
                    es solamente mi día?

Música   ¡Pues naciendo en él Carlos,
                si bien se mira,
                de vida es aquel solo,
                que lo es de dicha!   70

(Sale por el otro lado la Majestad.)

Majestad   Tente, no tan jactanciosa
                intentes, desvanecida,
                querer celebrar por tuya,
                una acción que es solo mía:
                la majestad soy de Carlos,   75
                en quien altamente brilla
                lo sacro, como en su solio,
                lo regio, como en su silla.
                Dime, ¿qué prenda hay que pueda
                vanamente presumida,   80

igualarse a mi grandeza,
aunque se ostente querida?
Si tú blasonas de grande,
siendo una engañosa arpía
que en futuras esperanzas 85
presentes males desquitas,
siendo una común alhaja
que tan sin razón te aplicas,
que al monarca tal vez faltas,
y tal, al plebeyo animas, 90
que ni al mérito conoces
ni haces caso de la dicha,
pues al infeliz le sobras
y al dichoso de ti privas,
parecida a la Fortuna, 95
tan ciega y desconocida,
que al que te busca, desdeñas,
y al que te ofende, acaricias,
¿qué haré yo, que tan sagrada,
tan atenta, tan altiva, 100
solo al valor esforzado,
solo a sangre esclarecida,
de sacro laurel corono,
visto de púrpura invicta?
Y si tú tantas finezas 105
que hacen los hombres, publicas,
por ti, ¿qué te diré yo
de las que a mí me acreditan?
¿Hay tan remotos lugares,
hay tan apartados climas, 110
hay tan diversas naciones,
hay tan bárbaras provincias,
que no registre animoso
el valor en busca mía?

¿Qué montes no se trastornan, 115
qué sendas no se trajinan,
qué mares no se revuelven,
qué abismos no se registran,
qué riesgos no se atropellan,
qué bien no se desestima, 120
qué sangre no se derrama,
qué vida no se aniquila?
¿Guarda secretos la noche,
parla noticias el día,
registra espacios el aire, 125
oculta la tierra minas,
que no penetre, no sepa,
esta insaciable fatiga?
Del hambre sacra del oro,
de la sed de mandar rica; 130
dígalo la zona ardiente,
dígalo la zona fría;
de una burladas las llamas,
de otra las nieves vencidas.
La ambición de majestad 135
gloriosamente atrevida,
¿no puso escalas al cielo,
no rigió el carro del día?
¿No he sido yo, a quien heroica
la española valentía, 140
ha dilatado por todos
los espacios que el Sol mira?
Luego a mí sola, por todas
las causas que tengo dichas,
me toca su aplauso, pues 145
dicen las voces festivas:

Música   ¡La Majestad le aplauda,

	porque no es digna	
	de aplaudir a los reyes	
	la común vida!	150
Vida	Bueno es, Majestad, que quieras,	
	que contra razón se rindan	
	los derechos naturales	
	a las leyes positivas.	
	El vivir es en el hombre	155
	lo primero, y tan precisa	
	es en él esta elección,	
	que escogerá, si le brindan	
	con una de las dos cosas,	
	el que más mandar estima,	160
	la vida sin majestad,	
	no la majestad sin vida.	
Música	¡Pues en el ser del hombre,	
	si bien se prueba,	
	mandar es accidente,	165
	vivir, esencia!	
Majestad	No en el ser precisa, solo,	
	fundes el ser preferida,	
	que no puede hacer las cosas	
	mejores, el ser precisas.	170
	La naturaleza siempre	
	de lo imperfecto camina	
	a lo perfecto, y no habrá	
	quien por eso solo, diga,	
	que es lo imperfecto mejor;	175
	la materia se anticipa	
	a la forma, y no por eso	
	es por más noble tenida.	

	Del corporal alimento	
	vemos que se necesita	180
	más que del discurso; y no hay	
	tan ciega filosofía	
	que diga que es mejor que	
	la potencia discursiva.	
Música	¡Que aunque alegues razones	185
	de ser primero,	
	el ser más necesario,	
	no es ser más bueno!	
Majestad	Y eso asentado, no sufro	
	el pasar porque me pidas	190
	que eres esencia en el hombre,	
	que el hombre también sin vida	
	es hombre.	
Vida	No es hombre tal:	
	que en estando divididas	
	las porciones de alma y cuerpo,	195
	que allí el cadáver se mira,	
	y allí el alma separada,	
	de entrambas se verifica	
	que es alma y que es cuerpo de hombre,	
	no que es hombre; y convencida	200
	te debes mostrar, supuesto	
	que sin que la unión las ciña	
	no componen hombre; conque	
	no hay hombre, mientras no hay vida.	
Música	¡Que si compuesto el ser	205
	es de alma y cuerpo,	
	no puede entrar el hombre	

	sin el compuesto!	
Majestad	Es verdad; mas dime ahora,	
	en volviendo a estar reunidas	210
	esas dos porciones como	
	sucederá el final día,	
	¿negarás ser hombre?	
Vida	No.	
Majestad	Pues siendo tú mortal vida,	
	claro es que no serás tú	215
	entonces la que le anima;	
	luego no eres tú esencia.	
Vida	Sí seré, que como viva	
	el hombre, de cualquier modo	
	es fuerza que yo le asista:	220
	que el ser o no ser mortal,	
	no inmuta la esencia mía,	
	que esto toca a privilegios	
	de la voluntad divina,	
	y es propiedad, y no esencia	225
	el ser o no ser finita:	
	pues vida es vivir el hombre	
	de cualquier modo que viva.	
Música	¡Que aun la vida acabada,	
	si el hombre expira,	230
	en volviendo a reunirse	
	vuelve la vida!	

(Sale la Naturaleza por donde está la Vida, y la Lealtad por donde está la Majestad.)

Naturaleza	¿Qué es eso, Vida? ¿Pues cuando esperaba que festiva dieses a Carlos los años dichosos, tan divertida con la Majestad te encuentro?	235
Lealtad	¿Y tú, Majestad, te humillas a competencias? ¿No ves que en la Majestad invicta, no el ser vencida, que no cabe en su soberanía este ultraje, pero aun es desdoro el ser competida?	240
Naturaleza	Demás de que no miráis que es vana vuestra porfía y vanos los argumentos pues todos ellos estriban en la vida de los hombres, y la del rey es distinta: que no debe mensurarse con tal usual medida, pues en su heroico ser viene a ser una cosa misma, una vida que gobierne, que una majestad que viva.	245 250 255
Música	¡Que si ya en Carlos vemos se identifican, no es posible que una de otra prescinda!	260
Naturaleza	Y no obstante, pues yo soy	

	Naturaleza y me obliga	
	el haberte dado el ser	
	a que te socorra, mira	
	en qué te puedo ayudar.	265
Lealtad	Yo, la Lealtad, que sublima	
	a la majestad; y así	
	a tu lado estoy.	

(Sale la Plebe de villana.)

Plebe	Por vida	
	de la vida que más quiero,	
	que es la de Carlos invicta,	270
	que por quererlo yo tanto	
	juro por la vida mía;	
	que es buen modo de dar años	
	el darnos tan malos días,	
	como venirse al tablado	275
	con cuatro bachillerías	
	sobre si la majestad	
	es más buena que la vida,	
	y andarse con vericuetos,	
	de quién es fina o no fina,	280
	si es esencia o no es esencia,	
	si muere o si resucita,	
	que hablando de ésta, parece	
	que tratan de la otra vida.	
	Miren, ¿qué tiene que ver	285
	años con sofisterías?	
	Bien haya yo que la Plebe	
	soy, que gozosa y festiva,	
	ni miro cuál es más noble	
	ni atiendo a cuál es más linda,	290

| | sino que lo llevo a voces,
y en empezando mi grita,
¡par Dios!, quieran o no quieran
que han de hacer lo que yo diga.
Y así déjense de aqueso,   295
y empiecen sus señorías,
o altezas, o qué sé yo,
a dar a Carlos los días,
y si no, empezaré yo,
que no espero cortesías,   300
a decir que... |
| (Dentro gritan:) | ¡Viva Carlos,
viva Carlos, Carlos viva! |

| Plebe | ¡Viva, que esto sí es dar años! |

| Majestad | Pues, ¿cómo, descomedida,
a la Majestad te atreves?   305 |

| Plebe | Porque la Lealtad me anima;
que cuando obra con amor
la Plebe, no se amotina;
que la grita del amor
no es motín, sino caricia.   310 |

| Vida | Bien dice la Plebe, y es
bien que su gusto se siga,
que tal vez los ignorantes
a los discretos avisan. |

| Lealtad | Lo que es yo, de tu opinión   315
soy... |

| Naturaleza | Y yo soy de la misma; |

	pero estando ausente Carlos,	
	¿qué importa que las festivas	
	voces le aplaudan si nada	
	escucha?	

Lealtad   No inadvertida   320
               digas eso, porque donde
               la Lealtad está, es precisa
               cosa estar presente el rey,
               que mañosamente fina,
               siendo lince de distancias,   325
               aun halla en la ausencia, vista.

Vida   Y más cuando vemos que
               su vida se multiplica
               en la de tantos vasallos,
               que amantes le sacrifican   330
               las propias.

Majestad   Y también vemos
               su Majestad aplaudida
               en la lealtad de sus pechos,
               siendo, para que los rija,
               cada corazón un reino   335
               y cada alma una provincia.

Plebe   Pues empiece la Lealtad,
               pues de más cerca le mira
               que su propia majestad,
               y más que su vida misma.   340

Lealtad   Vuestros vasallos, en muestra
               de que su lealtad se arguya,
               cada uno diera la suya,

	para conservar la vuestra:	
	pues mañosamente diestra,	345
	a la eterna majestad,	
	pide una perpetuidad	
	tan grande, y tan sin medida,	
	que viváis en vuestra vida	
	tanto como en su lealtad.	350
	Y pues amorosos	
	posponen su vida,	
	con que su lealtad	
	mejor se acredita:	
Música y todos	¡Vivid, alto Carlos,	355
	porque todos vivan!	
Majestad	Y quieren, cuando os dedican	
	las vidas y las personas,	
	multiplicaros coronas	
	como afectos multiplican,	360
	pues en los que sacrifican	
	en aras de la lealtad,	
	a la divina bondad	
	piden, que la deseada	
	vida os dé tan dilatada	365
	como os dio la majestad.	
	Y pues sus deseos	
	solamente aspiran	
	a veros reinar	
	edad infinita:	370
Música y todos	¡Vivid, alto Carlos,	
	porque todos vivan!	
Naturaleza	La Naturaleza ofrezca	

	a vuestra planta real,	
	que la vida natural	375
	sobrenatural parezca.	
	Y tanto la dicha crezca,	
	que aunque sucesión reserve	
	en que sus leyes observe,	
	sin faltarnos vos jamás,	380
	en el individuo más	
	que en la especie se conserve.	
	Y, pues, amorosa,	
	contra su orden misma	
	quiere conservaros,	385
	amante y propicia:	
Música y todos	¡Vivid, alto Carlos,	
	porque todos vivan!	
Vida	Y todos piden amantes	
	que, pues vuestros desengaños	390
	hacen los instantes años,	
	viváis años por instantes,	
	que gloriosos y triunfantes	
	eternicen la corona	
	que en vuestras sienes se abona,	395
	y que exenta y preferida,	
	exceda a todos la vida,	
	tanto como la persona.	
	Y pues en la vuestra	
	las demás se cifran,	400
	y en ella tenéis	
	las demás unidas:	
Música y todos	¡Vivid, alto Carlos,	
	porque todos vivan!	

Plebe	Carlos de mi corazón,	405
	en quien hay tanta excelencia	
	que a no haceros rey la herencia	
	os hiciera la elección;	
	vivid de años un millón,	
	y pues a la luz salistes,	410
	y más a reinar venistes	
	que a vivir, en mi entender,	
	habéis de reinar, o ver,	
	señor, para qué nacistes.	
	Y pues que la Plebe	415
	en vos se ejercita	
	pues halla en vos modo	
	de buscar su vida:	
Música y todos	¡Vivid, alto Carlos,	
	porque todos vivan!	420
Majestad	Y pues la francesa	
	flor de lis divina,	
	que trasplantó a España	
	su pompa florida,	
	vive, porque goza	425
	vuestra compañía:	
Música y todos	¡Vivid, alto Carlos,	
	porque todos vivan!	
Vida	Y el águila sacra	
	de Mariana invicta,	430
	que de vuestros rayos	
	bebe más que mira,	
	su vida dichosa	

	en vos multiplica:	
Música y todos	¡Vivid, alto Carlos,	435
	porque todos vivan!	
Lealtad	Y el Cerda invencible,	
	que él solo acredita	
	vuestro imperio más	
	que la monarquía,	440
	pues vive en vos como	
	vuestra sangre misma:	
Majestad	¡Vivid, alto Carlos,	
	porque todos vivan!	
Naturaleza	Y la soberana	445
	María Luisa,	
	por quien vuestro imperio	
	ángeles domina,	
	se alimenta solo	
	de vuestras noticias:	450
Música	¡Vivid, alto Carlos,	
	porque todos vivan!	
Majestad	Y el senado que es,	
	en paz y justicia,	
	de Minos afrenta,	455
	de Licurgo envidia,	
	pues todo su influjo	
	de Vos participa:	
Música	¡Vivid, alto Carlos,	
	porque todos vivan!	460

Vida	Y las bellas damas, a quienes admira cobarde el deseo, y la fe atrevida, pues hacen con vos del desdén caricia:	465
Música	¡Vivid, alto Carlos, porque todos vivan!	
Plebe	La Nobleza y Plebe que con vos unida, se exalta la plebe, lo noble se humilla, pues para serviros están avenidas:	470
Música	¡Vivid, alto Carlos, porque todos vivan!	475
Vida	Vivid, excelso monarca, porque viva en vuestra vida todo el reino.	
(Dentro.)	¡Viva Focas!	
Vida	Y... mas, ¿qué voz...?	
(Dentro.)	¡Viva Cintia!	480
Majestad	¿Qué festivas voces son las que al repetir que viva Carlos dicen...?	
(Dentro.)	¡Viva Focas!	

Majestad (Dentro.)	Y prosiguen... ¡Viva Cintia!	485
Plebe	Yo os lo diré; que cansados de ver loa tan prolija, empiezan ya la comedia.	
Lealtad	No es posible que eso elijan porque no hay quién haga damas, porque los que las hacían, están ocupados.	490
Plebe	Pues, ¡buen remedio!, pues vestidas estáis, vosotras podéis hacerlas; pues si me dicta bien el magín, la comedia todas la tenéis sabida, que es una de Calderón, que dice, que es en la vida, verdad y mentira todo. Y con que tú hagas a Cintia, Majestad; y la Lealtad a la persona de Libia; Naturaleza, el papel que es de Ismenia; y yo y la Vida lo que se ofreciere allí; estaremos convenidas, pues que resulta en obsequio de Carlos todo.	495

500

505 |
| Naturaleza | Advertida estás; y pues que no cesan sus voces, las nuestras digan, | 510 |

(Dentro.)	cuando repitan las suyas:	
	¡Viva Focas, viva Cintia!	
Naturaleza	Con más hidalgos afectos,	
	¡vivan Carlos y María!	515
Música y todos	¡Vivan Carlos y María!	

Décimas. Defiende que amar por elección del arbitrio, es solo digno de racional correspondencia

Al amor, cualquier curioso
hallará una distinción;
que uno nace de elección
y otro de influjo imperioso.
Éste es más afectuoso, 5
porque es el más natural,
y así es más sensible: al cual
llamaremos afectivo;
y al otro, que es electivo,
llamaremos racional. 10
 Éste, a diversos respectos,
tiene otras mil divisiones
por las denominaciones
que toma de sus objetos.
Y así, aunque no mude efectos, 15
que muda nombres es llano:
al de objeto soberano
llaman amor racional;
y al de deudos, natural;
y si es amistad, urbano. 20
 Mas dejo esta diferencia
sin apurar su rigor;
y pasando a cuál amor
merece correspondencia,
digo que es más noble esencia 25
la del de conocimiento;
que el otro es un rendimiento
de precisa obligación,
y solo al que es elección
se debe agradecimiento. 30
 Pruébolo. Si aquél que dice

que idolatra una beldad,
con su libre voluntad
a su pasión contradice,
y llamándose infelice 35
culpa su estrella de avara
sintiendo que le inclinara,
pues si en su mano estuviera,
no solo no la quisiera,
mas, quizá, la despreciara. 40
   Si pende su libertad
de un influjo superior,
diremos que tiene amor,
pero no que voluntad;
pues si ajena potestad 45
le constriñe a obedecer,
no se debe agradecer
aunque de su pena muera,
ni estimar el que la quiera
quien no la quiere querer. 50
   El que a las prensas se inclina
sin influjo celestial,
es justo que donde el mal,
halle también medicina;
mas a aquél que le destina 55
influjo que le atropella,
y no la estima por bella
sino porque se inclinó,
si su estrella le empeñó,
vaya a cobrar de su estrella. 60
   Son, en los dos, los intentos
tan varios, y las acciones,
que en uno hay veneraciones
y en otro hay atrevimientos:
tino aspira a sus contentos, 65

otro no espera el empleo;
pues si tal variedad veo,
¿quién tan bárbara será
que, ciega, no admitirá
más un culto que un deseo? 70
   Quien ama de entendimiento,
no solo en amar da gloria,
mas ofrece la victoria
también del merecimiento;
pues, ¿no será loco intento 75
presumir que a obligar viene
quien con su pasión se aviene
tan mal que, estándola amando,
indigna la está juzgando
del mismo amor que la tiene? 80
   Un amor apreciativo
solo merece favor,
porque un amor, de otro amor
es el más fuerte atractivo;
mas en un ánimo altivo 85
querer que estime el cuidado
de un corazón violentado,
es solicitar con veras
que agradezcan las galeras
la asistencia del forzado. 90
   A la hermosura no obliga
amor que forzado venga,
ni admite pasión que tenga
la razón por enemiga;
ni habrá quien le contradiga 95
el propósito e intento
de no admitir pensamiento
que, por mucho que la quiera,
no le dará el alma entera,
pues va sin entendimiento. 100

Redondillas. Pinta la armonía simétrica que los ojos perciben en la hermosura, con otra música

    Cantar, Feliciana, intento
tu belleza celebrada;
y pues ha de ser cantada,
tú serás el instrumento.
    De tu cabeza adornada,   5
dice mi amor sin recelo
que los tiples de tu pelo
la tienen tan entonada,
    pues con presunción no poca
publica con voz suave   10
que, como componer sabe,
él solamente te toca.
    Las claves y puntos dejas
que amor apuntar intente,
del espacio de tu frente   15
a la regla de tus cejas.
    Tus ojos, al facistol
que hace tu rostro capaz,
de tu nariz al compás
cantan el re mi fa Sol.   20
    El clavel bien concertado
en tu rostro no disuena,
porque junto a la azucena,
te hacen el color templado.
    Tu discreción milagrosa   25
con tu hermosura concuerda,
mas la palabra más cuerda
si toca al labio, se roza.
    Tu garganta es quien penetra
al canto las invenciones,   30
porque tiene deducciones

y porque es quien mete letra.
   Conquistas los corazones
con imperio soberano,
porque tienes en tu mano   35
los signos e inclinaciones.
   No tocaré la estrechura
de tu talle primoroso,
que es paso dificultoso
el quiebro de tu cintura.   40
   Tiene en tu pie mi esperanza
todos sus deleites juntos,
que como no sube puntos
nunca puede hacer mudanza.
   Y aunque a subir no se atreve   45
en canto llano, de punto,
en echando contrapunto
blasona de semibreve.
   Tu cuerpo, a compás obrado
de proporción a porfía,   50
hace divina armonía
por lo bien organizado.
   Callo, pues mal te descifra
mi amor en rudas canciones,
pues que de las perfecciones,   55
sola tú sabes la cifra.

Décimas. Sosiega el susto de la fascinación, en una hermosura medrosa

    Amarilis celestial,
no el aojo te amedrente,
que tus ojos solamente
tienen poder de hacer mal;
pues si es alguna señal   5
la con que dañan airados
y matan avenenados
cuando indignados están,
los tuyos solos serán,
que son los más señalados.   10
    ¿Creerás que me ha dado enojo
llegar con temor a verte?
¿Él había de ofenderte?
¡Cuatro higas para el ojo!
Ten aquesto por antojo   15
y por opinión errada
que ha dado por asentada
falto el vulgo de consejo;
porque si no es en tu espejo,
no puedes estar aojada.   20

Décimas. Alma que al fin se rinde al amor resistido: es alegoría de la ruina de Troya

    Cogióme sin prevención
amor astuto y tirano,
con capa de cortesano
se me entró en el corazón.
Descuidada la razón   5
y sin armas los sentidos,
dieron puerta inadvertidos;
y él por lograr sus enojos,
mientras suspendió los ojos,
me salteó los oídos.   10
    Disfrazado entró y mañoso;
mas ya que dentro se vio
del Paladión, salió
de aquel disfraz engañoso
y, con ánimo furioso,   15
tomando las armas luego,
se descubrió astuto griego
que, iras brotando y furores,
matando los defensores,
puso a toda el alma fuego.   20
    Y buscando sus violencias
en ella al Príamo fuerte,
dio al Entendimiento muerte,
que era rey de las potencias;
y sin hacer diferencias   25
de real o plebeya grey,
haciendo general ley,
murieron a sus puñales
los discursos racionales
porque eran hijos del rey.   30
    A Casandra su fiereza

buscó, y con modos tiranos,
ató a la razón las manos,
que era del alma princesa.
En prisiones, su belleza,   35
de soldados atrevidos,
lamenta los no creídos
desastres que adivinó,
pues por más voces que dio,
no la oyeron los sentidos.   40
   Todo el palacio abrasado
se ve, todo destruido,
Deifobo allí mal herido,
aquí Paris maltratado.
Prende también su cuidado   45
la modestia en Polixena;
y en medio de tanta pena,
tanta muerte y confusión,
a la ilícita afición
solo reserva en Elena.   50
   Ya la ciudad que vecina
fue al cielo, con tanto arder
solo guarda de su ser
vestigios en su ruina.
Todo el amor lo extermina   55
y, con ardiente furor,
solo se oye entre el rumor
con que su crueldad apoya:
«Aquí yace un alma Troya;
¡victoria por el amor!»   60

Romance

Con ocasión de celebrar el primer año que cumplió el hijo del señor virrey, le pide a su excelencia indulto para un reo

    Gran marqués de la Laguna,
de Paredes conde excelso,
que en la cuna reducís
lo máximo a lo pequeño;
    fondo diamante que arroja   5
tantos esplendores regios
que en poca cantidad cifra
el valor de muchos reinos:
    Yo, señor, una criada
que sabréis, andando el tiempo   10
y andando vos, desde ahora
para entonces os prevengo
    que sepáis que os quise tanto
antes de ser, que primero
que de vuestra bella madre,   15
nacistes de mi concepto,
    y que le hice a Dios por vos
tantas plegarias y ruegos,
que a cansarse el Cielo juzgo
que hubiera cansado al Cielo.   20
    ¡Cuánto deseé el que salierais
de ser mental compañero
de las criaturas posibles
que ni serán, son, ni fueron!
    Ana por Samuel no hizo   25
más visajes en el templo,
dando qué pensar a Helí,
que los que por vos he hecho.
    No dejé santo ni santa

de quien con piedad creemos 30
que de impetrar sucesiones
obtienen el privilegio,
　que no hiciera intercesora,
que no hiciera medianero,
porque os sacase de idea 35
al ser, el Poder Supremo.
　Salistes, en fin, a luz,
con aparato tan bello,
que en vuestra fábrica hermosa
se ostentó el saber inmenso. 40
　Pasóse aquella agonía,
y sucedióle al deseo
(que era de teneros antes),
el cuidado de teneros.
　Entró con la posesión 45
el gusto, y al mismo tiempo
el desvelo de guardaros
y el temor de no perderos.
　¡Oh, cuántas veces, señor,
de experiencia conocemos 50
que es más dicha una carencia
que una posesión con riesgo!
　Dígolo porque en los sustos
que me habéis dado y los miedos,
bien puedo decir que tanto 55
como me costáis, os quiero.
　¿Cuántas veces ha pendido
de lo débil de un cabello
de vuestra vida, mi vida,
de vuestro aliento, mi aliento? 60
　¿Qué achaque habéis padecido,
que no sonase, aun primero
que en vuestra salud el golpe,

en mi corazón el eco?
El dolor de vuestra madre, 65
de vuestro padre el desvelo,
el mal que pasabais vos
y el cariño que yo os tengo,
todo era un cúmulo en mí
de dolor, siendo mi pecho 70
de tan dolorosas líneas
el atormentado centro.
En fin, ya, gracias a Dios,
habemos llegado al puerto,
pasando vuestra edad todo 75
el océano del cielo.
Ya habéis visto doce signos,
y en todos, Alcides nuevo,
venciendo doce trabajos
de tantos temperamentos; 80
ya, hijo luciente del Sol,
llevando el carro de Febo,
sabéis a Flegón y Eonte
regir los fogosos frenos;
ya al León dejáis vencido, 85
ya al Toro dejáis sujeto,
ya al Cáncer sin la ponzoña
y al Escorpión sin veneno;
sin flechas al Sagitario,
hollando de Aries el cuello, 90
a Géminis envidioso,
y a Acuario dejáis sediento;
enamorada a la Virgen,
a los Peces dejáis presos,
al Capricornio rendido 95
y a Libra inclinado el peso.
Ya habéis experimentado

    la variedad de los tiempos,
que divide en cuatro partes
la trepidación del cielo: 100
    florida, a la primavera,
al estío, macilento,
con su razón, al otoño,
y con su escarcha, al invierno.
    Ya sabéis lo que es vivir;   105
pues, dado un círculo entero
a vuestra dichosa edad,
quien hace un año, hará ciento.
    Ya, en fin, de nuestro natal,
¿natal dije? ¡Qué gran yerro!   110
¡Que este término me roce
las cuerdas del instrumento!
    Pero habiendo de ser años,
¿qué término encontrar puedo
que no sea, años, edad,   115
natalicio o nacimiento?
    Perdonad, señor, y al caso
un chiste contaros quiero,
que a bien que todas las coplas
son una cosa de cuento: 120
    predicaba un cierto quídam
los sermones de san Pedro
muchos años, y así casi
siempre decía uno mesmo;
murmuróle el auditorio   125
lo rozado en los conceptos,
y avisóselo un amigo
con caritativo celo;
    y él respondió: —«Yo mudar
discurso ni asunto puedo,   130
mientras nuestra madre Iglesia

no me mude el Evangelio».
    Este es el cuento, que puede
ser que gustéis de saberlo,
y si no os agrada, dadlo   135
por no dicho y por no hecho.
    Lo que ahora nos importa
es, fresco pimpollo tierno,
que viváis largo y tendido,
y que crezcáis bien y recio.   140
    Que les deis a vuestros padres
la felicidad de veros
hecho unión de sus dos almas,
visagra de sus dos pechos.
    Que se goce vuestra madre   145
de ser, en vuestros progresos,
la Leda de tal Apolo,
de tal Cupido, la Venus.
    Que den sucesión dichosa
a quien sirvan los imperios,   150
a quien busquen las coronas,
a quien aclamen los cetros.
    Que mandéis en la Fortuna,
siendo en sus opuestos ceños,
el móvil de vuestro arbitrio,   155
el eje de su gobierno.
    Creced Adonis y Marte,
siendo, en belleza y esfuerzo
de la corte y la campaña,
el escudo y el espejo.   160
    Y pues es el fausto día
que se cumple el año vuestro,
de dar perdón al convicto
y dar libertad al preso:
    dad la vida a Benavides,   165

que aunque sus delitos veo,
tiene parces vuestro día
para mayores excesos.
 A no haber qué perdonar,
la piedad que ostenta el Cielo   170
ocioso atributo fuera,
o impracticable, a lo menos.
 A Herodes en este día
pidió una mujer por premio,
que al sagrado precursor   175
cortase el divino cuello;
 fue la petición del odio,
de la venganza el deseo,
y ejecutó la crueldad
de la malicia el precepto.   180
 Vos sois príncipe cristiano,
y yo, por mi estado, debo
pediros lo más benigno,
y vos no usar lo sangriento.
 Muerte puede dar cualquiera;   185
vida, solo puede hacerlo
Dios; luego solo con darla
podéis a Dios pareceros.
 Que no es razón que en el día
genial de vuestros obsequios   190
queden manchadas las aras
ni quede violado el templo.
 Y a Dios, que os guarde, señor,
que el decir que os guarde, creo,
que para con Dios y vos   195
es petición y es requiebro.

Romance

Aplaude, lo mismo que la Fama, en la sabiduría sin par de la señora doña María de Guadalupe Alencastre, la única maravilla de nuestros siglos

      Grande duquesa de Aveyro,
cuyas soberanas partes
informa cavado el bronce,
publica esculpido el jaspe;
      alto honor de Portugal,   5
pues le dan mayor realce
vuestras prendas generosas,
que no sus quinas reales;
      vos, que esmaltáis de valor
el oro de vuestra sangre,   10
y siendo tan fino el oro
son mejores los esmaltes;
      Venus del mar lusitano,
digna de ser bella madre
de amor, más que la que a Chipre   15
debió cuna de cristales;
      gran Minerva de Lisboa,
mejor que la que triunfante
de Neptuno, impuso a Atenas
sus insignias literales;   20
      digna solo de obtener
el áureo pomo flamante
que dio a Venus tantas glorias,
como infortunios a Paris;
      cifra de las nueve Musas   25
cuya pluma es admirable
arcaduz por quien respiran
sus nueve acentos suaves;
      claro honor de las mujeres,

de los hombres docto ultraje, 30
que probáis que no es el sexo
de la inteligencia parte;
   primogénita de Apolo,
que de sus rayos solares
gozando las plenitudes, 35
mostráis las actividades;
   presidenta del Parnaso,
cuyos medidos compases
hacen señal a las Musas
a que entonen o que pausen; 40
   clara Sibila española,
más docta y más elegante,
que las que en diversas tierras
veneraron las edades;
   alto asunto de la Fama, 45
para quien hace que afanes
del martillo de Vulcano
nuevos clarines os labren:
   oíd una musa que,
desde donde fulminante 50
a la tórrida da el Sol
rayos perpendiculares,
   al eco de vuestro nombre,
que llega a lo más distante,
medias sílabas responde 55
desde sus concavidades,
   y al imán de vuestras prendas,
que lo más remoto atrae,
con amorosa violencia
obedece, acero fácil. 60
   Desde la América enciendo
aromas a vuestra imagen,
y en este apartado polo

templo os erijo y altares.
   Desinteresada os busco,   65
que el afecto que os aplaude,
es aplauso a lo entendido
y no lisonja a lo grande.
   Porque, ¿para qué, señora,
en distancia tan notable,   70
habrán vuestras altiveces
menester mis humildades?
   Yo no he menester de vos
que vuestro favor me alcance
favores en el Consejo   75
ni amparo en los Tribunales,
   ni que acomodéis mis deudos,
ni que amparéis mi linaje,
ni que mi alimento sean
vuestras liberalidades,   80
   que yo, señora, nací
en la América abundante,
compatriota del oro,
paisana de los metales,
   adonde el común sustento   85
se da casi tan de balde,
que en ninguna parte más
se ostenta la tierra, madre.
   De la común maldición,
libres parece que nacen   90
sus hijos, según el pan
no cuesta al sudor afanes.
   Europa mejor lo diga,
pues ha tanto que, insaciable,
de sus abundantes venas   95
desangra los minerales,
   y cuantos el dulce Lotos

de sus riquezas les hace
olvidar los propios nidos,
despreciar los patrios lares, 100
  pues entre cuantos la han visto,
se ve con claras señales,
voluntad en los que quedan
y violencia en los que parten.
  Demás de que, en el estado 105
que Dios fue servido darme,
sus riquezas solamente
sirven para despreciarse,
  que para volar segura
de la religión la nave, 110
ha de ser la carga poca
y muy crecido el velamen,
  porque si algún contrapeso,
pide para asegurarse,
de humildad, no de riquezas, 115
ha menester hacer lastre.
  Pues, ¿de qué cargar sirviera
de riquezas temporales,
si en llegando la tormenta
era preciso alijarse? 120
  Con que por cualquiera de estas
razones, pues es bastante
cualquiera, estoy de pediros
inhibida por dos partes.
  Pero, ¿a dónde de mi patria 125
la dulce afición me hace
remontarme del asunto
y del intento alejarme?
  Vuelva otra vez, gran señora,
el discurso a recobrarse, 130
y del hilo del discurso

    los dos rotos cabos ate.
      Digo, pues, que no es mi intento,
señora, más que postrarme
a vuestras plantas que beso   135
a pesar de tantos mares.
      La siempre divina Lisi,
aquélla en cuyo semblante
ríe el día, que oscurece
a los días naturales,   140
      mi señora la condesa
de Paredes, aquí calle
mi voz, que dicho su nombre,
no hay alabanzas capaces;
      ésta, pues, cuyos favores   145
grabados en el diamante
del alma, como su efigie,
vivirán en mí inmortales,
      me dilató las noticias
ya antes dadas de los padres   150
misioneros, que pregonan
vuestras cristianas piedades,
      publicando cómo sois
quien con celo infatigable
solicita que los triunfos   155
de nuestra fe se dilaten.
      Ésta, pues, que sobre bella,
ya sabéis que en su lenguaje
vierte flores Amaltea
y destila amor panales,   160
      me informó de vuestras prendas
como son y como sabe,
siendo solo tanto Homero
a tanto Aquiles bastante.
      Solo en su boca el asunto   165

pudiera desempeñarse,
que de un ángel solo puede
ser coronista otro ángel.
   A la vuestra, su hermosura
alaba, porque envidiarse   170
se concede en las bellezas
y desdice en las deidades.
   Yo, pues, con esto movida
de un impulso dominante,
de resistir imposible   175
y de ejecutar no fácil,
   con pluma en tinta, no en cera,
en alas de papel frágil,
las ondas del mar no temo,
las pompas piso del aire,   180
   y venciendo la distancia,
porque suele a lo más grave
la gloria de un pensamiento
dar dotes de agilidades,
   a la dichosa región   185
llego, donde las señales
de vuestras plantas me avisan
que allí mis labios estampe.
   Aquí estoy a vuestros pies,
por medio de estos cobardes   190
rasgos, que son podatarios
del afecto que en mí arde.
   De nada puedo serviros,
señora, porque soy nadie,
mas quizá por aplaudiros,   195
podré aspirar a ser alguien.

   Hacedme tan señalado
favor, que de aquí adelante

pueda de vuestros criados
en el número contarme. 200

Soneto. Aunque en vano, quiere reducir a método racional el pesar de un celoso

¿Qué es esto, Alcino? ¿Cómo tu cordura
se deja así vencer de un mal celoso,
haciendo con extremos de furioso
demostraciones más que de locura?
 ¿En qué te ofendió Celia, si se apura? 5
¿O por qué al amor culpas de engañoso,
si no aseguró nunca poderoso
la eterna posesión de su hermosura?
 La posesión de cosas temporales,
temporal es, Alcino, y es abuso 10
el querer conservarlas siempre iguales.
 Con que tu error o tu ignorancia acuso,
pues Fortuna y Amor, de cosas tales
la propiedad no han dado, sino el uso.

Soneto. Un celoso refiere el común pesar que todos padecen, y advierte a la causa, el fin que puede tener la lucha de afectos encontrados

Yo no dudo, Lisarda, que te quiero,
aunque sé que me tienes agraviado;
mas estoy tan amante y tan airado,
que afectos que distingo no prefiero.
    De ver que odio y amor te tengo, infiero   5
que ninguno estar puede en sumo grado,
pues no le puede el odio haber ganado
sin haberle perdido amor primero.
Y si piensas que el alma que te quiso
ha de estar siempre a tu afición ligada,   10
de tu satisfacción vana te aviso:
    pues si el amor al odio ha dado entrada,
el que bajó de sumo a ser remiso,
de lo remiso pasará a ser nada.

Soneto. En la muerte de la excelentísima señora marquesa de Mancera

De la beldad de Laura enamorados
los cielos, la robaron a su altura,
porque no era decente a su luz pura,
ilustrar estos valles desdichados;
   o porque los mortales, engañados   5
de su cuerpo en la hermosa arquitectura,
admirados de ver tanta hermosura,
no se juzgasen bienaventurados.
   Nació donde el oriente el rojo velo
corre, al nacer al astro rubicundo,   10
y murió donde, con ardiente anhelo,
   da sepulcro a su luz el mar profundo;
que fue preciso a su divino vuelo,
que diese como Sol la vuelta al mundo.

Soneto. A lo mismo

    Bello compuesto en Laura dividido,
alma inmortal, espíritu glorioso,
¿por qué dejaste cuerpo tan hermoso
y para qué tal alma has despedido?
    Pero ya ha penetrado mi sentido   5
que sufres el divorcio riguroso
porque el día final puedas, gozoso,
volver a ser eternamente unido.
    Alcanza tú, alma dichosa, el presto vuelo,
y, de tu hermosa cárcel desatada,   10
dejando vuelto su arrebol en yelo,
    sube a ser de luceros coronada:
que bien es necesario todo el cielo
para que no eches menos tu morada.

Loa

Loa a los años del reverendísimo padre maestro fray Diego Velásquez de la Cadena, representada en el Colegio de san Pablo

Personas que hablan en ella:

La Naturaleza
La Ciencia
El Agrado
El Discurso
El Entendimiento
La Nobleza
La Atención

Música	Pues como reina absoluta,
	quiere la Naturaleza
	ostentar de su poder
	la fábrica más perfecta:
	¡vengan, vengan, vengan, 5
	vengan todas las prendas,
	para hacer un compuesto
	de todas ellas!

(Descúbrese la Naturaleza con aparato de reina, corona y cetro, en un trono.)

Naturaleza	Y para que eslabones mejores sean,
	de que ha de fabricarse mejor cadena. 10
Música	Y para que eslabones mejores sean,
	de que ha de fabricarse mejor cadena.
Naturaleza	Ya que de la primer causa

dispuso la Omnipotencia
que yo, como su segunda,　　　　　　　15
dominio absoluto tenga
en las obras naturales,
pues soy la Naturaleza
en común, a cuya docta
siempre operativa idea,　　　　　　　20
se debe la dulce unión
de la forma y la materia;
yo soy quien hago que el mundo
tenga ser, haciendo, atenta,
el que las especies vivan,　　　　　　25
que los individuos mueran:
y porque a la corrupción
la generación suceda,
hago corromper las cosas
para que rejuvenezcan.　　　　　　　30
¡Oh qué torpe que discurre
el que a mi poder le niega
que, para formar el Fénix,
pueda tener suficiencia!
¿Pues no ve que cada especie　　　　35
es fénix que de las muertas
cenizas nace por que
a morir y nacer vuelva?
Pues, ¿qué dificultad hay
para que, a querer la mesma　　　　　40
obra que hago en vana especie,
en un individuo hiciera?
En fin, soy quien hago que
lo vegetativo crezca,
que lo racional discurra,　　　　　　45
que lo sensitivo sienta.
Por mí, adornados de escamas,

y por mí, armados de testas,
los peces el mar habitan,
moran el monte las fieras.　　　　　　　　50
Si el monte vive, es por mí,
por mí si el prado se alegra
con rosas y flores éste,
aquél con plantas y yerbas.
Por mí, elevado lo grave,　　　　　　　　55
cediendo su porción térrea,
naves de plumas las aves,
golfos de viento navegan.
Mas la mayor maravilla,
la ostentación más suprema　　　　　　　60
de que me jacto gloriosa
y me alabo satisfecha,
no es el ser fecunda madre,
de tanta alada caterva,
de tanta turba de peces,　　　　　　　　65
de tanto escuadrón de fieras
de tanta copia de flores,
de tantas plantas diversas,
de tantos mares y ríos,
de tantos montes y selvas;　　　　　　　70
no de que digan que soy
a quien debe la riqueza
de sus piedras el ocaso,
y el oriente de sus perlas;
no, en fin, de tantas criaturas　　　　　75
en quien mi poder ostenta
tanta variedad hermosa
y tanta varia belleza;
sino, el que entre tanta copia,
en fábrica tan inmensa,　　　　　　　　80
en tan dilatado espacio

y en multitud tan diversa,
todo esté con tal mensura,
todo con tal orden sea
que, ni al mar crezca una gota, 85
ni mengüe un punto la tierra,
ni al aire un átomo falte,
ni al fuego sobre centella;
sino que con tal concierto
eslabonados se vean, 90
que, con esférica forma,
a la tierra el mar rodea,
al agua el aire circunde
y al aire el fuego contenga,
haciendo sus cualidades 95
ya hermanadas y ya opuestas,
un círculo tan perfecto,
tan misteriosa cadena,
que a faltar un eslabón
de su circular belleza 100
todo acabara, y el orden
universal pereciera.
Pues si todas las criaturas
son eslabones que muestran
de la cadena del orbe 105
los engarces que la ordenan,
hoy, que una particular
cadena formar desea
mi siempre docto pincel,
razón será que prevenga 110
para formarla lucida,
eslabones de qué hacerla;
y pues ésta, racional,
es, por fuerza, más perfecta
que la universal, también 115

	es bien que mejores sean	
	sus eslabones; y así	
	júntense todas las prendas,	
	vengan todas las virtudes,	
	perfecciones y excelencias:	120

Música   ¡Vengan, vengan, vengan,
                  vengan todas las prendas,
                  para hacer un compuesto
                  de todas ellas!

(Salen la Nobleza y el Entendimiento, cada uno por su lado.)

Nobleza   A tus ecos, ¡oh madre esclarecida   125
                  de cuanto tiene ser!, viene rendida
                  la Nobleza que, llena de blasones,
                  es primer basa de las perfecciones;
                  y así, para que en mí todas se avengan:

Música   ¡Vengan, vengan, vengan,   130
                  vengan todas las prendas,
                  para hacer un compuesto
                  de todas ellas!

Entendimiento   A tus plantas heroicas viene atento,
                  ¡oh gran madre!, el humano entendimiento,   135
                  en cuyo ser divino está cifrado
                  un compendio de todo lo criado;
                  y así, para que en mí todo lo atiendan:

Música   ¡Vengan, vengan, vengan,
                  vengan todas las prendas,   140
                  para hacer un compuesto
                  de todas ellas!

(Salen el Discurso y Ciencia, cada uno por su puerta.)

Discurso	A tus pies, ¡oh fecunda y más hermosa	
	madre del universo generosa!,	
	viene el Discurso, que es quien solo sabe	145
	de las prendas hacer unión suave;	
	y así sigan mis huellas,	
Música	¡para hacer un compendio de todas ellas!	
Ciencia	Bella diosa del mundo, a tu obediencia	
	tienes postrada en mí la misma Ciencia,	150
	que reina de las prendas soy ufana,	
	entre quienes impero soberana,	
	pues doy el complemento que desean.	
Música	¡Y para que eslabones mejores sean,	
	de que ha de fabricarse mejor cadena!	155

(Salen la Atención y el Agrado, cada uno por su puerta.)

Agrado	A tu voz, ¡oh grande reina!, está postrada	
	el todo de las prendas, que es Agrado;	
	pues a las excelencias más lucidas,	
	solo él las sabe hacer bien parecidas;	
	y así mi suavidad hoy las ordena,	160
Música	¡de que ha de fabricarse mejor cadena!	
Atención	A tus plantas, ¡oh reina soberana!,	
	la Atención viene, prenda cortesana;	
	y pues mi amor servirle no rehúsa,	
	no es razón que ninguna tenga excusa	165

	ni que a tanto respecto se detengan.	
Música	¡Vengan, vengan, vengan, Entendimiento, vengan todas las prendas,	
Discurso	para hacer un compuesto de todas ellas!	170
Ciencia	Y para que eslabones mejores sean,	
Agrado	de que ha de fabricarse mejor cadena.	
Naturaleza	Yo agradezco la fineza de vuestro buen proceder, y aun más que el obedecer, de obedecer la presteza; y así la acción amorosa goza de por sí excelencia, que es dos veces obediencia la obediencia cariñosa. Doblada acción os abona, pues pudiera la lealtad respectar la dignidad, sin estimar la persona. ¿Pero qué mucho, si ahora me dais, porque más me cuadre, más la obediencia de madre que no el culto de señora?	175 180 185
Música	¡Y así era muy preciso que fuera presta, si el amor se equivoca con la obediencia!	190

Naturaleza	Y puesto que no ignoráis	
	que de mi voz el intento,	
	de mis ecos el asunto	195
	y de mi amor el empeño,	
	es querer con esta idea	
	dar, en visibles objetos,	
	a los ojos la noticia	
	y el alma el conocimiento	200
	de aquella feliz consulta,	
	de aquel cuidadoso esmero,	
	con que, para fabricar	
	esta cadena, que el cielo	
	conserve eterna, dispuse,	205
	en su feliz nacimiento,	
	la concurrencia de todas	
	vosotras que, enriqueciendo	
	de inteligencias su alma,	
	de perfecciones su cuerpo,	210
	le adornasteis de manera	
	que formasteis un compuesto	
	de cuantas grandezas pueden	
	hacer amable un sujeto;	
	y puesto que de esta dicha,	215
	hoy se cumplen años, quiero	
	que volváis a repetir,	
	como en anuales obsequios,	
	lo que para hacerle entonces,	
	ahora para recuerdos.	220
	Y así diga cada cuál	
	lo que le ofreció, y veremos	
	de tan gloriosa cadena	
	los eslabones perfectos,	
	pues para poder formarla	225
	juntos y conformes, veo,	

161

	Discurso, Atención, Nobleza, Ciencia, Agrado, Entendimiento,	
Música	¡que hacer es fuerza de muchos eslabones una cadena!	230

| Nobleza | Pues yo, que como es razón, por mí la cadena empieza, del oro de su nobleza doy el primer eslabón; que éste es el mayor blasón que goza, es claro argumento, que como es el fundamento de todos, es la más bella; pues son las prendas, sin ella, edificio sin cimiento. | 235

240 |

(Ofrece un eslabón con una N.)

Música	¡Bien la Nobleza dice, que es bien que tasen el valor de cadena por los quilates!	245
Entendimiento	Yo a más alto ser atento, que es la interior perfección, os ofrezco, en mi eslabón, el don del entendimiento; él es quien el lucimiento del oro del noble esmalta, pues es perfección tan alta para el que la ha conseguido, que no falta al entendido	250

| | ni aun lo mismo que le falta. | 255 |

(Ofrece otro con una E.)

Música   ¡Muy bien ha dicho en eso,
           pues es notorio
           que con entendimiento
           se suple todo!

Discurso   Yo me sigo, del concurso,   260
           pues si a buena luz lo siento,
           por fuerza al Entendimiento
           ha de seguir el Discurso;
           y así mi incesable curso
           ofrezco a su discernir,   265
           pues llegándolo a advertir
           todo, y todo a comprender,
           a un perspicaz entender,
           sigue un sutil discurrir.

(Ofrece otro con una D.)

Música   ¡Bien ha dicho que puede   270
           perfeccionarlo,
           porque el uno es potencia
           y el otro es acto!

Ciencia   Yo que soy Ciencia, que fija
           enseña el conocimiento,
           como él, del Entendimiento,   275
           soy yo del Discurso hija;
           porque sus acciones rija,
           le doy, de experiencias lleno,
           del estudio el prado ameno,

	en cuyas flores me copio;	280
	porque el estudio hace propio	
	el entendimiento ajeno.	

(Ofrece otro con una C.)

Música	¡Que hace el que bien digiere	
	de otros las obras,	
	de alimentos ajenos	285
	sustancia propia!	
Atención	Según eso, mi eslabón	
	le doy yo, por la excelencia	
	de que no puede haber ciencia	
	donde no hubiere atención.	290
	Bien clara está mi razón,	
	sin que haya opinión contraria	
	que me intente, temeraria,	
	privar de este blasón hoy:	
	pues si la Ciencia no soy,	295
	soy condición necesaria.	

(Ofrece otro con una A.)

Música	¡Bien la Atención ha dicho,	
	que está probado	
	que el que no fuere atento	
	no será sabio!	300
Agrado	Para que viva adornado,	
	yo el Agrado le prometo,	
	que es muchas veces discreto	
	un discreto con agrado;	
	y aun a la ciencia ha llegado	305

	muchas veces a exceder,	
	que, si bien se llega a ver,	
	se halla en su modo de obrar,	
	que ella se hace venerar,	
	pero el Agrado, querer.	310

(Ofrece uno con una A.)

Música	¡El Agrado a la Ciencia	
	vence mañoso,	
	porque ella es para algunos,	
	y él para todos!	
Naturaleza	Muestra a ver de tu eslabón,	315
	qué letra está escrita, Ciencia.	
Ciencia	La C te presento, que es	
	la con que mi nombre empieza.	
Atención	Yo la A, que de la Atención	
	es A la primera letra.	320
Discurso	Yo la D, que del Discurso	
	es, como ves, la primera.	
Entendimiento	Yo E, que el Entendimiento	
	es bien que a todos prefiera.	
Nobleza	Yo la N, que es en quien	325
	se denota la Nobleza.	
Agrado	Segunda A traigo yo, en que	
	el Agrado se demuestra.	

Naturaleza	Juntadlos, pues, para ver	
	qué resulta de sus letras.	330

(Juntan los eslabones, y resulta decir «cadena».)

Todos	Cadena dice.

Naturaleza	Está claro	
	que ha de resultar cadena;	
	que de tan bello concurso	
	de virtudes y excelencias,	
	no pudo resultar cosa	335
	que esta cadena no sea.	

Naturaleza y Música   Y así decid cantando, que

(Cada uno, y Música.)

Agrado	agrado,
Ciencia	ciencia,
Discurso	discurso,
Entendimiento	entendimiento,
Atención	atención,
Nobleza	nobleza,
Todos y Música	solo son eslabones de esta cadena.
Agrado	Hágale, pues, eternamente amado, 340

Música	Agrado.	
Ciencia	Dele el eterno bien de su asistencia,	
Música	Ciencia.	
Entendimiento	Dele su altivo y soberano aliento,	
Música	Entendimiento.	345
Atención	A las demás añada perfección,	
Música	Atención.	
Nobleza	Adornando de prendas tanta alteza,	
Música	Nobleza.	
Naturaleza	Para que sepan todos,	
Cada uno y Música	que Agrado y Ciencia,	350
Música 3.	Discurso,	
Música 4.	Entendimiento,	
Música 5.	Atención,	
Música 6.	Nobleza,	
Todos, y toda la Música	solo son eslabones de esta cadena.	

| Naturaleza | Puesto que ya está formada
de perfecciones y letras
aquesta cadena, en quien | 355 |
| | el cielo quiere que tenga
Agustín, como Tomás,
también una áurea cadena,
solo falta que supliquen
humildes las voces vuestras, | 360 |
| | que pues la formó tan rica,
quiera conservarla eterna. | |

Ciencia   Vuestra edad, felice padre
reverendísimo, sea
tal, que por la duración   365
Evo, y no Tiempo, parezca,

Música   ¡Vivid eterno,
que en lo eterno no tiene
dominio el tiempo!

Agrado   En círculo vuestra edad,   370
como vuestro nombre y prendas,
lo que parece hacia el fin,
volver al principio sea.

Música   ¡Porque se note,
que aun los años os sirven   375
como eslabones!

Discurso   No por cuenta de las Parcas,
del Sol sí, corra por cuenta
vuestra edad, siendo su copo
su luminosa madeja.   380

Música	¡Que es bien que dure devanada de rayos, vida de luces!	
Entendimiento	Vivid, más que en la extensión, en la intensión, porque sean las que en todos temporales, en vos edades eternas.	385
Música	¡Pues el discreto vive más del discurso, que no del tiempo!	390
Nobleza	Vivid las eternidades de vuestra altiva ascendencia, porque dure vuestra vida a par de vuestra nobleza.	
Música	¡Que si lo mismo vivís que vuestros timbres, seréis eterno!	395
Atención	Vivid lo que vuestra fama, cuya trompa vocinglera se toca en la edad presente y en la eternidad resuena.	400
Música	¡Que el ser dichoso no consiste en la vida sino en el modo!	
Naturaleza	Viva, viva, para que su sacra religión tenga quien con virtud la edifique,	405

Ciencia	quien la ilumine con letras,	
Atención	quien con atención la sirva,	
Nobleza	quien la ilustre con nobleza,	410
Agrado	quien con agrado la aumente,	
Discurso	quien con discurso la atienda, Entendimiento quien la conserve entendido,	
Naturaleza	porque todo el mundo sepa,	
Todos	para que entiendan todos,	

(Música y cada uno.)

Música 1.	que agrado,	
Música 2.	y ciencia,	415
Música 3.	discurso,	
Música 4.	entendimiento,	
Música 5.	atención,	
Música 6.	nobleza,	
Todos y Música	solo son eslabones de esta cadena.	
Naturaleza	Y a nuestro muy reverendo padre provincial, que muestra	

con su acertado gobierno, 420
con su virtud y prudencia,
que es de este místico cuerpo
la dignísima cabeza;
doy el parabién debido,
y pido al cielo que sea 425
de su religión sagrada,
el Suetonio que mantenga
en tranquilidad dichosa
a los que su buena estrella
hizo alistar de agustino 430
en las sagradas banderas.
Y a los dos Diegos, con cuyas
lucidas y amables prendas
se honra esta ilustre provincia
y la religión se aumenta; 435
un Astete y un Mejía,
en quien mi atención celebra
de activo y contemplativo
las dos bien seguidas sendas,
pues en sus dos ejercicios 440
muestran que ocioso estuviera
sin el cuidado de Marta
el amor de Magdalena;
da el parabién mi cariño,
en prendas de que quisiera 445
hacer, que los que deseos
son, ejecuciones fueran.
Y a aqueste noble auditorio
cuya gravedad ostenta
de la virtud lo más alto, 450
lo más grave de las ciencias,
con reverentes obsequios
el perdón, humilde, ruega,

y pide al maestro Carrillo
con este emporio de letras, 455
con este Ilustre Colegio
cuyos hijos hoy festejan
por muchas y justas causas
al padre maestro Cadena,
ya por su hermano querido, 460
y ya por su concolega,
por su lector de Escritura;
y porque fue su cabeza
en el puesto de rector,
en cuyo tiempo confiesan 465
deben mucho a su cuidado,
el aliño de esta iglesia,
de esta librería el fomento
y el aumento de las rentas,
y finalmente por ser 470
su patrón, padre y Mecenas;
por todo aquesto le aplauden,
pidiendo que suplir pueda
el ara de su cariño
la cortedad de la ofrenda, 475
pues con afecto amoroso,
cuando a Cadena celebran
el colegio y su rector,
porque a más aplauso anhelan,
sacrifican en deseos 480
todo lo que de hacer dejan;
y porque como al principio
fin este festejo tenga,
volved todos a decir:

(Cada uno, y Música.)

Agrado   que Agrado

Ciencia   y Ciencia,

Discurso   Discurso,

Entendimiento   Entendimiento,

Atención   Atención,

Nobleza.   Nobleza,   485

Todos, y toda la Música

        solo son eslabones de esta cadena.

Soneto. Encarece de animosidad la elección de estado durable hasta la muerte

    Si los riesgos del mar considerara,
ninguno se embarcara, si antes viera
bien su peligro, nadie se atreviera,
ni al bravo toro osado provocara;
    si del fogoso bruto ponderara 5
la furia desbocada en la carrera
el jinete prudente, nunca hubiera
quien con discreta mano le enfrenara.
    Pero si hubiera alguno tan osado
que, no obstante el peligro, al mismo Apolo 10
quisiere gobernar con atrevida
    mano el rápido carro en luz bañado,
todo lo hiciera; y no tomara solo
estado que ha de ser toda la vida.

Soneto. Para explicar la causa a la rebeldía, ya sea firmeza de un cuidado, se vale de opinión que atribuye a la perfección de su forma lo incorruptible en la materia de los cielos; usa cuidadosamente términos de escuelas

    Probable opinión es que conservarse
la forma celestial en su fijeza,
no es porque en la materia hay más nobleza
sino por la manera de informarse;
    porque aquel apetito de mudarse,   5
lo sacia de la forma la nobleza,
con que cesando el apetito, cesa
la ocasión que tuvieran de apartarse.
    Así tu amor, con vínculo terrible,
el alma que te adora, Celia, informa;   10
con que su corrupción es imposible
    ni educir otra con quien no conforma,
no por ser la materia incorruptible,
mas por lo inamisible de la forma.

Soneto. Aplaude la ciencia astronómica del padre Eusebio Francisco Kino, de la compañía de Jesús, que escribió del cometa que el año de 80 apareció, absolviéndole de ominoso

   Aunque es clara del cielo la luz pura,
   clara la Luna y claras las estrellas,
   y claras las efímeras centellas
   que el aire eleva y el incendio apura;
    aunque es el rayo claro, cuya dura   5
   producción cuesta al viento mil querellas,
   y el relámpago que hizo de sus huellas
   medrosa luz en la tiniebla oscura;
   todo el conocimiento torpe humano
   se estuvo oscuro sin que las mortales   10
   plumas pudiesen ser, con vuelo ufano,
    Ícaros de discursos racionales,
   hasta que el tuyo, Eusebio soberano,
   les dio luz a las luces celestiales.

Soneto. Lamenta con todos la muerte de la señora marquesa de Mancera

    Mueran contigo, Laura, pues moriste,
los afectos que en vano te desean,
los ojos a quien privas de que vean
la hermosa luz que a un tiempo concediste.
    Muera mi lira infausta en que influiste   5
ecos que lamentables te vocean,
y hasta estos rasgos mal formados sean
lágrimas negras de mi pluma triste.
    Muévase a compasión la misma Muerte,
que, precisa, no pudo perdonarte;   10
y lamente el Amor su amarga suerte,
    pues si antes, ambicioso de gozarte,
deseó tener ojos para verte,
ya le sirvieran solo de llorarte.

Décima. Presentando un reloj de muestra a persona de autoridad, y su estimación, le da los buenos días

    Los buenos días me allano
a que os dé un reloj, señor,
porque fue lo que mi amor
acaso halló más a mano.
Corto es el don, mas ufano 5
de que sirve a tus auroras;
admítele, pues no ignoras
que mal las caricias mías
te pudieran dar los días,
sin dar primero las Horas. 10
    Raro es del arte portento
en que su poder más luce,
que a breve espacio reduce
el celestial movimiento;
y, imitando al Sol, atento 15
mide su veloz carrera,
con que, si se considera,
pudiera mi obligación
remitirte mayor don,
mas no de mejor esfera. 20
    No tiene sonido en nada,
que fuera acción indecente
que tan pequeño presente
quisiera dar campanada;
solo por señas le agrada 25
decir el intento suyo;
con que su hechura concluyo,
con decir de su primor,
que fue muestra de mi amor,
mas ya es de Sol, siendo tuyo. 30
    Y no pienses que me agrada

poner mensura a tu vida,
que no es quererla medida
pedírtela regulada;
y en aciertos dilatada   35
solicita mi cuidado,
para que el mundo, admirado,
pondere al ver tu cordura,
el vivir, muy sin mensura,
y el obrar, muy mensurado.   40

Décima. En un anillo retrató a la señora condesa de Paredes: dice por qué

Este retrato que ha hecho
copiar mi cariño ufano,
es sobrescribir la mano,
lo que tiene dentro el pecho,
que, como éste viene estrecho   5
a tan alta perfección,
brota fuera la afición
y en el índice la emplea,
para que con verdad sea
índice del corazón.   10

Décima. Al mismo intento

Éste, que a la luz más pura
quiso imitar la beldad,
representa su deidad,
mas no copia su hermosura.
En él, mi culto asegura   5
su veneración mayor;
mas no muestres el error
de pincel tan poco sabio,
que para Lisi es agravio,
el que para mí es favor.   10

Décimas. Esmera su respetuoso amor; habla con el retrato, y no calla con él, dos veces dueño

    Copia divina en quien veo
desvanecido al pincel,
de ver que ha llegado él
donde no pudo el deseo;
alto, soberano empleo   5
de más que humano talento,
exenta de atrevimiento,
pues tu beldad increíble,
como excede a lo posible,
no la alcanza el pensamiento.   10
    ¿Qué pincel tan soberano
fue a copiarte suficiente?
¿Qué numen movió la mente?
¿Qué virtud rigió la mano?
No se alabe el arte vano   15
que te formó peregrino;
pues en tu beldad convino
para formar un portento,
fuese humano el instrumento,
pero el impulso, divino.   20
    Tan espíritu te admiro,
que cuando deidad te creo,
hallo el alma que no veo,
y dudo el cuerpo que miro;
todo el discurso retiro,   25
admirada en tu beldad
que muestra con realidad,
dejando el sentido en calma,
que puede copiarse el alma,
que es visible la deidad.   30
    Mirando perfección tal

cual la que en ti llego a ver,
apenas puedo creer
que puedes tener igual;
y a no haber original 35
de cuya perfección rara
la que hay en ti se copiara,
perdida por tu afición,
segundo Pigmaleón,
la animación te impetrara. 40
  Toco, por ver si escondido
lo viviente en ti parece;
¿posible es que de él carece
quien roba todo el sentido?
¿Posible es que no ha sentido 45
esta mano que le toca
y a que atiendas te provoca
a mis rendidos despojos?,
¿que no hay luz en esos ojos?,
¿que no hay voz en esa boca? 50
  Bien puedo formar querella
cuando me dejas en calma,
de que me robas el alma
y no te animas con ella;
y cuando altivo atropella 55
tu rigor, mi rendimiento,
apurando el sufrimiento,
tanto tu piedad se aleja,
que se me pierde la queja
y se me logra el tormento. 60
  Tal vez pienso que, piadoso,
respondes a mi afición;
y otras teme el corazón
que te esquivas, desdeñoso.
Ya alienta el pecho, dichoso, 65

ya infeliz al rigor, muere,
pero, como quiera, adquiere
la dicha de poseer,
porque a fin en mi poder
serás lo que yo quisiere.　　　　　　　　　　70
　Y aunque ostentes el rigor
de tu original fiel,
a mí me ha dado el pincel,
lo que no puede el amor.
Dichosa vivo al favor　　　　　　　　　　　75
que me ofrece un bronce frío,
pues aunque muestres desvío,
podrás, cuando más terrible,
decir que eres imposible,
pero no que no eres mío.　　　　　　　　　80

Décimas. Memorial a un juez, pidiéndole por una viuda que la litigaban la vivienda

Juzgo, aunque os canse mi trato,
que no os ofendo, en rigor,
pues en cansaros, señor,
cumplo con vuestro mandato;
y pues éste fue el contrato, 5
sufrid mis necias porfías
de escuchar todos los días
tan continuas peticiones,
que aquestas mis rogaciones
se han vuelto ya letanías. 10
   Una viuda desdichada
por una casa pleitea;
y basta que viuda sea,
sin que sea descasada.
De vos espera, amparada, 15
hallar la razón propicia
para vencer la malicia
de la contraria eficacia,
esperando en vuestra gracia
que le habéis de hacer justicia. 20

Décimas. Rehúsa para sí, pidiéndola para un inglés, la libertad, a la señora virreina

    Hoy que a vuestras plantas llego,
con el debido decoro,
como a deidad os adoro
y como a deidad os ruego.
No diréis que el culto os niego   5
pretendiendo el beneficio
de vuestro amparo propicio,
pues a la deidad mayor,
le es invocar su favor,
el más grato sacrificio.   10
    Samuel a vuestra piedad
recurre por varios modos,
pues donde la pierden todos,
quiere hallar la libertad.
Su esclavitud rescatad,   15
señora, que los motivos
son justos y compasivos
de tan adversa fortuna,
y haced libres vez alguna
de cuantas hacéis cautivos.   20
    Dos cosas pretende aquí,
contraria mi voluntad:
para el inglés, libertad,
y esclavitud para mí,
pues, aunque indigna nací   25
de que este nombre me deis,
en vano resistiréis
de mi esclavitud la muestra,
pues yo tengo de ser vuestra
aunque vos no me aceptéis.   30
    Contraria es la petición

de uno y otro, si se apura,
que él la libertad procura
y yo busco la prisión;
pero vuestra discreción   35
a quien nunca duda impide,
podrá, si los fines mide,
hacernos dichosos hoy
con admitir lo que os doy
y conceder lo que él pide.   40

Décimas. Reconociendo el cabildo de México el singular acierto que tuvo en la idea de un arco triunfal a la entrada del virrey, señor conde de Paredes, marqués de la Laguna, que encargó a sor Juana Inés, estudio de tan grande humanista y que ha de coronar este libro, la presentó el regalo que dice y agradece

    Esta grandeza que usa
conmigo vuestra grandeza,
le está bien a mi pobreza
pero muy mal a mi musa.
Perdonadme si, confusa   5
o sospechosa, me inquieta
el juzgar que ha sido treta
la que vuestro juicio trata,
pues quien me da tanta plata,
no me quiere ver poeta.   10
    No ha sido arco, en realidad,
quien mi pobreza socorre,
sino arcaduz por quien corre
vuestra liberalidad.
De una llave la lealtad   15
a ser custodia se aplica
del caudal, que multiplica
quien oro me da por cobre,
pues por un arco tan pobre,
me dais una arca tan rica.   20
    Aun viendo el efecto, dudo
que pudiese el tiro errado
de un arco mal disparado
atravesar tanto escudo;
mas a mi silencio mudo   25
solo obedecer le toca,
pues, por si replico loca

con palabras desiguales,
con tantos sellos reales
me habéis tapado la boca.   30
  Con afecto agradecido
a tantos favores, hoy
gracias, señores, os doy,
y los perdones os pido
que con pecho agradecido   35
de vuestra grandeza espero,
y aun a estas décimas quiero
dar, de estar flojas, excusa;
que estar tan tibia la musa
es efecto del dinero.   40

Redondillas. Favorecida y agasajada, teme su afecto de parecer gratitud y no fuerza

 Señora, si la belleza
que en vos llego a contemplar,
es bastante a conquistar
la más inculta dureza,
 ¿por qué hacéis que el sacrificio   5
que debo a vuestra luz pura,
debiéndose a la hermosura,
se atribuya al beneficio?
 Cuando es bien que glorias cante
de ser vos quien me ha rendido,   10
¿queréis que lo agradecido
se equivoque con lo amante?
 Vuestro favor me condena
a otra especie de desdicha,
pues me quitáis con la dicha   15
el mérito de la pena;
 si no es que dais a entender
que favor tan singular,
aunque se pueda lograr,
no se puede merecer.   20
 Con razón, pues la hermosura,
aun llegada a poseerse,
si llegara a merecerse,
dejara de ser ventura;
 que estar un digno cuidado   25
con razón correspondido,
es premio de lo servido
y no dicha de lo amado,
 que dicha se ha de llamar
sola la que, a mi entender,   30
ni se puede merecer

ni se pretende alcanzar,
    ya que este favor excede
  tanto a todos, al lograrse,
  que no solo no pagarse,   35
  mas ni agradecer se puede;
    pues desde el dichoso día
  que vuestra belleza vi,
  tan del todo me rendí,
  que no me quedó acción mía;   40
    con lo cual, señora, muestro,
  y a decir mi amor se atreve
  que nadie pagaros debe
  que vos honréis lo que es vuestro.
    Bien sé que es atrevimiento,   45
  pero el amor es testigo
  que no sé lo que me digo
  por saber lo que me siento.
    Y en fin, perdonad por Dios,
  señora, que os hable así,   50
  que si yo estuviera en mí,
  no estuvierais en mí vos.
    Solo quiero suplicaros
  que de mí recibáis hoy,
  no solo al alma que os doy,   55
  mas las que quisiera daros.

Endechas

Segunda enhorabuena de cumplir años el señor virrey, marqués de la Laguna

    Llegóse aquel día,
gran señor, que el cielo
destinó dichoso
para natal vuestro.
    Suma el Sol la cuenta   5
que escribe en aquellos
de estrellas guarismos,
rasgos de luceros.
    El dorado torno
que devana en bellos   10
hilos de sus rayos
claros crecimientos,
    de los doce signos,
con huellas de fuego,
pisó ya otra vez   15
los varios aspectos.
    Ya, otra vez, ha visto
los opuestos ceños
del alemán frío
y el adusto negro.   20
    Ya ostentó otra vez,
con varios efectos,
primavera, estío,
otoño e invierno.
    Ya ausente y ya cerca,   25
ha dado al noruego
ya perpetuas sombras,
y ya lucimientos.
    Ya, otra vez, la rueda
voluble del tiempo   30

clausuló del giro
un círculo entero.
　¿Quién que el tiempo duda,
quién duda que Febo
los repite ufano   35
por ser años vuestros?
　Y yo más que todos,
gran Tomás excelso,
que más obligada
celebrarlos debo;   40
　yo, que a vuestros pies
ponerme no puedo
porque la fortuna
se opone al deseo;
　en prendas de fe,   45
en señal de feudo,
que mi corazón
debe a vuestro imperio,
　estos os envío
mal formados versos,   50
en quien la verdad
es solo lo bueno.
　No os quiero decir
que pido a los cielos
ni que duréis siglos   55
ni que seáis eterno,
　que estos cortesanos
modos lisonjeros
son de los palacios,
no de los conventos,   60
　que ni aun de esa suerte
tengo por acierto,
el querer que el mundo
os logre perpetuo.

  Gentil Alejandro   65
lo juzgó pequeño,
¿pues qué hará un tan grande
católico pecho?
  Quien puede aspirar
a pisar luceros,   70
¿ha de contentarse
con caducos premios?
  No, señor, que es ser
avaro el deseo
que, pudiendo más,   75
solicita menos.
  Lo que yo con Dios
para vos pretendo
es, tras larga vida,
el descanso eterno,   80
  gozando de Aquél,
cuyo nacimiento
en prendas de gloria
quiso unir al vuestro.

Soneto. Al mismo asunto

    Vuestra edad, gran señor, en tanto exceda
a la capacidad que abraza el cero,
que la combinatoria de Kirkero
multiplicar su cuantidad no pueda.
    Del giro hermoso la luciente rueda   5
que el uno trastornó y otro lucero,
y el que fin fue del círculo primero,
principio dé feliz al que suceda.
    Vivid, porque entre propios y entre extraños
de mi plectro las claras armonías   10
celebren vuestros hechos sin engaños;
    y uniendo duraciones a alegrías,
a las glorias compitan vuestros años
y las glorias excedan a los días.

Romance

Coplas para música, en festín de cumplimiento de años de su majestad

      Enhorabuena el gran Carlos
sus felices años cumpla:
dichosos, porque los vive;
grandes, porque los ocupa.
      Enhorabuena, en obsequio   5
de su majestad augusta,
de su resplandor, ministros,
todos los astros concurran.
      Enhorabuena, en su rostro
que los dos mundos ilustra,   10
brillen encendidas flores,
florecientes rayos juzgan.
      Enhorabuena su mano
gloriosamente introduzga
en los dos mundos su yugo,   15
a los dos mares coyunda.
      De América, enhorabuena,
huelle la cerviz robusta,
que adora, en el pie que besa,
la mano que la sojuzga.   20
      Su vida, en buen hora, sea
de muchas vidas la suma,
porque como muchas dure
la que vale más que muchas.

Romance

Debió la austeridad de acusarla tal vez el metro; y satisface, con el poco tiempo que empleaba en escribir a la señora virreina, las Pascuas

    Daros las Pascuas, señora,
es en mi gusto y es deuda:
el gusto, de parte mía;
y la deuda, de la vuestra.
    Y así, pese a quien pesare				5
escribo, que es cosa recia,
no importando que haya a quien
le pese lo que no pesa.
    Y bien mirado, señora,
decid, ¿no es impertinencia				10
querer pasar malos días
porque yo os dé noches buenas?
    Si yo he de daros las Pascuas,
¿qué viene a importar que sea
en verso o en prosa, o con				15
estas palabras o aquéllas?
    Y más cuando en esto corre
el discurso tan aprisa,
que no se tarda la pluma
más que pudiera la lengua.				20
    Si es malo, yo no lo sé;
sé que nací tan poeta,
que azotada, como Ovidio,
suenan en metro mis quejas.
    Pero dejemos aquesto,				25
que yo no sé cuál idea
me llevó, insensiblemente,
hacia donde non debiera.
    Adorado dueño mío,

de mi amor divina esfera, 30
objeto de mis discursos,
suspensión de mis potencias;
   excelsa, clara María,
cuya sin igual belleza
solo deja competirse 35
de vuestro valor y prendas:
   tengáis muy felices Pascuas,
que aunque es frase vulgar ésta,
¿quién quita que pueda haber
vulgaridades discretas?; 40
   que yo para vos no estudio,
porque de amor la llaneza
siempre se explica mejor
con lo que menos se piensa.
   Y dádselas de mi parte, 45
gran señora, a su excelencia,
que si no sus pies, humilde,
beso la que pisan tierra.
   Y al bellísimo Josef,
con amor y reverencia 50
beso las dos, en que estriba,
inferiores azucenas.
   Y a vos beso del zapato
la más inmediata suela,
que con este punto en boca 55
solo, callaré contenta.

Romance

Puro amor, que ausente y sin deseo de indecencias, puede sentir lo que el más profano

    Lo atrevido de un pincel,
Filis, dio a mi pluma alientos,
que tan gloriosa desgracia,
más causa corrió que miedo.
Logros de errar por tu causa   5
fue de mi ambición el cebo;
donde es el riesgo apreciable,
¿qué tanto valdrá el acierto?
Permite, pues, a mi pluma
segundo arriesgado vuelo,   10
pues no es el primer delito
que le disculpa el ejemplo.
Permite escale tu alcázar
mi gigante atrevimiento,
que a quien tanta esfera bruma   15
no extrañará el Lilibeo:
pues ya al pincel permitiste
querer trasladar tu cielo,
en el que siendo borrón
quiere pasar por bosquejo.   20
¡Oh temeridad humana!,
¿por qué los rayos de Febo,
que aun se niegan a la vista,
quieres trasladar al lienzo?
¿De qué le sirve al Sol mismo   25
tanta prevención de fuego,
si a refrenar osadías
aun no bastan sus consejos?
¿De qué sirve que, a la vista

hermosamente severo, 30
ni aun con la costa del llanto,
deje gozar sus reflejos,
si locamente la mano,
si atrevido el pensamiento
copia la luciente forma, 35
cuenta los átomos bellos?
Pues, ¿qué diré, si el delito
pasa a ofender el respecto
de un Sol (que llamarlo Sol
es lisonja del Sol mesmo)? 40
De ti, peregrina Filis,
cuyo divino sujeto
se dio por merced al mundo,
se dio por ventaja al cielo;
en cuyas divinas aras, 45
ni sudor arde sabeo,
ni sangre se efunde humana,
ni bruto se corta cuello,
pues del mismo corazón
los combatientes deseos 50
son holocausto poluto,
son materiales afectos,
y solamente del alma
en religiosos incendios,
arde sacrificio puro 55
de adoración y silencio.
Éste venera tu culto,
éste perfuma tu templo;
que la petición es culpa,
y temeridad el ruego. 60
Pues alentar esperanzas,
alegar merecimientos,
solicitar posesiones,

sentir sospechas y celos,
es de bellezas vulgares, 65
indigno, bajo trofeo,
que en pretender ser vencidas
quieren fundar vencimientos.
Mal se acreditan deidades
con la paga; pues es cierto 70
que a quien el servicio paga,
no se debió el rendimiento.
¡Qué distinta adoración
se te debe a ti, pues siendo
indignos aun del castigo, 75
mal aspirarán al premio!
Yo pues, mi adorada Filis,
que tu deidad reverencio,
que tu desdén idolatro
y que tu rigor venero: 80
bien así como la simple
amante que en tornos ciegos,
es despojo de la llama
por tocar el lucimiento;
como el niño que, inocente, 85
aplica incauto los dedos
a la cuchilla, engañado
del resplandor del acero,
y, herida la tierna mano,
aún sin conocer el yerro, 90
más que el dolor de la herida
siente apartarse del reo;
cual la enamorada Clicie
que al rubio amante siguiendo,
siendo padre de las luces, 95
quiere enseñarle ardimientos;
como a lo cóncavo el aire,

como a la materia el fuego,
como a su centro las peñas,
como a su fin los intentos;   100
bien como todas las cosas
naturales, que el deseo
de conservarse las une
amante en lazos estrechos...
Pero, ¿para qué es cansarse?   105
Como a ti, Filis, te quiero;
que en lo que mereces, éste
es solo encarecimiento.
Ser mujer, ni estar ausente,
no es de amarte impedimento,   110
pues sabes tú que las almas
distancia ignoran y sexo.
Demás, que al natural orden
solo le guardan los fueros
las comunes hermosuras,   115
siguiendo el común gobierno,
no la tuya, que gozando
imperiales privilegios,
naciste prodigio hermoso,
con exenciones de regio;   120
cuya poderosa mano,
cuyo inevitable esfuerzo,
para dominar las almas
empuñó el hermoso cetro.
Recibe un alma rendida   125
cuyo estudioso desvelo
quisiera multiplicarla
por solo aumentar tu imperio;
que no es fineza, conozco,
darte, lo que es de derecho   130
tuyo, mas llámola mía

para dártela de nuevo,
que es industria de mi amor
negarte, tal vez, el feudo,
para que al cobrarlo dobles   135
los triunfos, si no los reinos.
¡Oh, quién pudiera rendirte,
no las riquezas de Creso,
que materiales tesoros
son indignos de tal dueño,   140
sino cuantas almas libres,
cuantos arrogantes pechos,
en fe de no conocerte
viven de tu yugo exentos!
Que quiso próvido Amor,   145
el daño evitar, discreto,
de que en cenizas tus ojos
resuelvan el universo.
Mas, ¡oh libres desdichados,
todos los que ignoran, necios,   150
de tus divinos hechizos
el saludable veneno!
Que han podido tus milagros,
el orden contravirtiendo,
hacer el dolor amable,   155
y hacer glorioso el tormento.
Y si un filósofo, solo
por ver al señor de Delos,
del trabajo de la vida
se daba por satisfecho,   160
¿con cuánta más razón yo
pagara el ver tus portentos,
no solo a afanes de vida,
pero de la muerte a precio?
Si crédito no me das,   165

dalo a tus merecimientos,
que es, si registras la causa,
preciso hallar el efecto.
¿Puedo yo dejar de amarte
si tan divina te advierto? 170
¿Hay causa sin producir?
¿Hay potencia sin objeto?
Pues siendo tú el más hermoso,
grande, soberano, excelso,
que ha visto en círculos tantos 175
el verde torno del tiempo,
¿para qué mi amor te vio?,
¿por qué mi fe te encarezco
cuando es cada prenda tuya
firma de mi cautiverio? 180
Vuelve a ti misma los ojos,
y hallarás, en ti y en ellos,
no solo el amor posible,
mas preciso el rendimiento,
entre tanto que el cuidado, 185
en contemplarte suspenso,
que vivo, asegura, solo
en fe de que por ti muero.

Endecasílabo

Satisface, con agradecimiento, a una queja que su excelencia tuvo de no haberla esperado a ver

¡Qué bien, divina Lisi,
tu sacra deidad sabe
para humillar mis dichas,
mezclarme en los favores los pesares!
No esperar fue el delito 5
que quieres castigarme;
¿quién creerá que fue culpa
no esperar lo que no puede esperarse?
Casualidad fue sola
quien pudo ocasionarme, 10
que nunca a un infelice
faltan para su mal casualidades.
En leyes de palacio,
el delito más grave
es esperar; y en mí 15
fue el delito mayor el no esperarte.
Acusas mi cariño,
como si fuera fácil
pensar yo que tú piensas
que dejar de adorarte puede nadie. 20
Desconfiar de aquello
que es preciso ignorarse,
es gala de lo cuerdo
y fuera imperfección en las deidades.
Más tú, divino dueño, 25
¿cómo puedes negarme
que sabes que te adoro,
porque quien eres, de por fuerza, sabes?
Baste ya de rigores,

hermoso dueño, baste, 30
que tan indigno blanco
a tus sagrados tiros es desaire.

Romance

Mezcla con el gracejo la erudición, y da los años que cumple la excelentísima señora condesa de Paredes, no por muchos, sino por aumento

Excusado el daros años,
señora, me ha parecido,
pues quitarlos a las damas
fuera mayor beneficio;
y por esto no os los diera, 5
pero después he advertido
que no impera en las deidades
el estrago de los siglos.
Y así más años viváis
que aquel pájaro fenicio 10
ha vivido, no en Arabia,
sino en símiles prolijos
(por erudición primera
esa avecilla os remito,
que al festín de vuestros años 15
puede servir de principio);
más que dolores ardientes
sintió en el leño encendido,
de Egea el amante tierno,
por la venganza del tío; 20
más que el cuello de Medusa
vertió venenosos hilos
que, cayendo en rojas gotas,
levantaron basiliscos;
más que el Cíclope celoso 25
dio al infeliz mozo gritos,
que aun después de transformado
se le escapó fugitivo;
más que el doloroso acento

del dulce de Tracia hijo, 30
suspendió en canciones, furias,
desató en dulzuras, grillos;
más que al que al Sol se atrevió
a hurtar el rayo lucido,
y en el Caucazo atormenta 35
diuturno fiero ministro;
más que al infeliz Faetón
el fraternal llanto pío
lloró, bálsamo oloroso,
si empezó humor cristalino; 40
más que las cuarenta y nueve
pagan en duros castigos,
la obediencia al fiero padre
contra los incautos primos;
más que en estragos Medea, 45
de sus músicos hechizos,
probó los males que causa
el celoso precipicio;
más que le costaron daños
por el juvenil delirio, 50
un hermoso robo a Troya
y a España un honor perdido.
Mas, ya que estaréis cansada
de estos mases, imagino,
que suele moler un más 55
más que un mazo y un martillo.
Y así en cifra os lo diré
por no dejar de decirlos:
sed más que todos los mases
de los modernos y antiguos. 60
Y en fin, en lo que viváis,
con vuestro consorte digno,
vuestra fama sola pueda

igualaros el guarismo.
Llevad la inmortalidad 65
a medias, como los hijos
de Leda hermosa, llevando
de más el lucir unidos.

Soneto. De amor, puesto antes en sujeto indigno, es enmienda blasonar del arrepentimiento

    Cuando mi error y tu vileza veo,
contemplo, Silvio, de mi amor errado,
cuán grave es la malicia del pecado,
cuán violenta la fuerza de un deseo.
    A mi mesma memoria apenas creo		5
que pudiese caber en mi cuidado
la última línea de lo despreciado,
el término final de un mal empleo.
    Yo bien quisiera, cuando llego a verte,
viendo mi infame amor, poder negarlo;		10
mas luego la razón justa me advierte
    que solo se remedia en publicarlo;
porque del gran delito de quererte,
solo es bastante pena, confesarlo.

Soneto. Prosigue en su pesar, y dice que aun no quisiera aborrecer tan indigno sujeto, por no tenerle así aun cerca del corazón

    Silvio, yo te aborrezco, y aun condeno
el que estés de esta suerte en mi sentido;
que infama al hierro el escorpión herido,
y a quien lo huella, mancha inmundo el cieno.
    Eres como el mortífero veneno   5
que daña a quien lo vierte inadvertido,
y en fin eres tan malo y fementido,
que aun para aborrecido no eres bueno.
    Tu aspecto vil a mi memoria ofrezco,
aunque con susto me lo contradice,   10
por darme yo la pena que merezco;
    pues cuando considero lo que hice,
no solo a ti, corrida, te aborrezco,
pero a mí, por el tiempo que te quise.

Soneto. No quiere pasar por olvido lo descuidado

    Dices que yo te olvido, Celio, y mientes
en decir que me acuerdo de olvidarte,
pues no hay en mi memoria alguna parte
en que, aun como olvidado, te presentes.
    Mis pensamientos son tan diferentes   5
y en todo tan ajenos de tratarte,
que ni saben si pueden olvidarte,
ni, si te olvidan, saben si lo sientes:
    Si tú fueras capaz de ser querido
fueras capaz de olvido; y ya era gloria,   10
al menos, la potencia de haber sido;
    mas tan lejos estás de esa victoria,
que aqueste no acordarme no es olvido
sino una negación de la memoria.

Soneto. Sin perder los mismos consonantes, contradice con la verdad, aún más ingeniosa, su hipérbole

    Dices que no te acuerdas, Clori, y mientes
en decir que te olvidas de olvidarte,
pues das ya en tu memoria alguna parte
en que, por olvidado, me presentes.
    Si son tus pensamientos diferentes   5
de los de Albiro, dejarás tratarte,
pues tú misma pretendes agraviarte
con querer persuadir lo que no sientes.
    Niégasme ser capaz de ser querido,
y tú misma concedes esa gloria,   10
con que en tu contra tu argumento ha sido;
    pues si para alcanzar tanta victoria
te acuerdas de olvidarte del olvido,
ya no das negación en tu memoria.

Décima. La excusa de lo mal obrado, lo empeora

    Tenazmente porfiado
intentas, Silvio, molesto,
porque erraste lo compuesto,
componer lo que has errado.
Yerro cometes doblado: 5
pues cuando mil tretas usas
con que confesar rehúsas
y en no haber culpa te cierras,
por excusar lo que yerras,
yerras todo lo que excusas.   10

Romance

Pinta la proporción hermosa de la excelentísima señora condesa de Paredes, con otra de cuidados, elegantes esdrújulos, que aún le remite desde México a su excelencia

    Lámina sirva el cielo al retrato,
Lísida, de tu angélica forma;
cálamos forme el Sol de sus luces,
sílabas las estrellas compongan.
Cárceles tu madeja fabrica: 5
dédalo que sutilmente forma
vínculos de dorados ofires,
tíbares de prisiones gustosas.
Hécate, no triforme, mas llena,
pródiga de candores asoma,   10
trémula no en tu frente se oculta,
fúlgida su esplendor desemboza.
Círculo dividido en dos arcos,
pérsica forman lid belicosa:
áspides que por flechas disparas,   15
víboras de halagüeña ponzoña.
Lámparas, tus dos ojos, febeas,
súbitos resplandores arrojan;
pólvora que a las almas que llega,
tórridas abrasadas transforma.   20
Límite, de una y otra luz pura,
último, tu nariz judiciosa,
árbitro es entre dos confinantes,
máquina que divide una y otra.
Cátedras del abril, tus mejillas,   25
clásicas, dan a mayo, estudiosas,
método a jazmines nevados,
fórmula rubicunda a las rosas.

Lágrimas del aurora congela,
búcaro de fragancias, tu boca; 30
rúbrica con carmines escrita,
cláusula de coral y de aljófar.
Cóncavo es, breve pira, en la barba,
pórfido en que las almas reposan;
túmulo les eriges de luces, 35
bóveda de luceros las honra.
Tránsito a los jardines de Venus,
órgano es de marfil, en canora
música, tu garganta, que en dulces
éxtasis aun al viento aprisiona. 40
Pámpanos de cristal y de nieve,
cándidos tus dos brazos, provocan
tántalos, los deseos ayunos,
míseros, sienten frutas y ondas.
Dátiles de alabastro tus dedos, 45
fértiles de tus dos palmas brotan,
frígidos si los ojos los miran,
cálidos si las almas los tocan.
Bósforo de estrechez tu cintura,
cíngulo ciñe breve por zona, 50
rígida (si de seda) clausura,
músculos nos oculta, ambiciosa.
Cúmulo de primores, tu talle,
dóricas esculturas asombra,
jónicos lineamientos desprecia, 55
émula su labor de sí propia.
Móviles pequeñeces tus plantas,
sólidos pavimentos ignoran;
mágicos que, a los vientos que pisan
tósigos de beldad inficionan. 60
Plátano, tu gentil estatura,
flámula es que a los aires tremola

ágiles movimientos, que esparcen
bálsamo de fragantes aromas.
Índices de tu rara hermosura, 65
rústicas estas líneas son cortas;
cítara solamente de Apolo,
méritos cante tuyos, sonora.

Romance

A la merced de alguna presea que la excelentísima señora doña Elvira de Toledo, virreina de México, la presentó, corresponde con una perla y este romance, de no menor fuerza, que envió desde México a la excelentísima señora condesa de Paredes

Hermosa, divina Elvira
a cuyas plantas airosas,
los que a Apolo son laureles
aun no las sirven de alfombra;
a quien Venus y Minerva   5
reconocen, envidiosas,
la ateniense, por más sabia,
la cipria, por más hermosa;
a quien si el pastor Ideo
diera la dorada poma,   10
lo justo de la sentencia
le excusara la discordia,
pues a vista del exceso
de tus prendas generosas,
sin esperar al examen,   15
te cediera la corona:
tú, que impedirle pudieras
la tragedia lastimosa
a Andrómeda, y de Perseo
el asunto a la victoria,   20
pues mirando tu hermosura
las Nereidas, ambiciosas,
su belleza despreciaran
y a ti te envidiaran sola,
ese concepto oriental   25
que del llanto de la Aurora
concibió concha lucida

a imitación de tu boca,
en quien la naturaleza,
del arte competidora, 30
siendo forma natural,
finge ser artificiosa,
quizá porque en su figura,
erudición cierta y docta,
a fascinantes contagios 35
da virtud preservadora;
con justa razón ofrezco
a tus aras victoriosas,
pues por tributo del mar
a Venus solo le toca. 40
Bien mi obligación quisiera
que excediera, por preciosa,
a la que líquida en vino
engrandeció egipcias bodas,
o a aquélla que, blasón regio 45
de la grandeza española,
nuestros católicos reyes
guardan, vinculada joya;
pero me consuela el ver
que, si tu tocado adorna, 50
con prestarle tú el oriente,
será más rica que todas,
que el lucir tanto los astros
que del cielo son antorchas,
no es tanto por lo que son, 55
como donde se colocan.
Recíbela por ofrenda
de mi fineza amorosa,
pues para ser sacrificio,
no en vano quiso ser hostia; 60
mientras yo, para la prenda

de tu mano generosa,
como para mejor perla,
del corazón hago concha.

Soneto. Llegaron a México, con el hecho piadoso, las aclamaciones poéticas de Madrid a su majestad; que alaba la poetisa por más superior modo

Altísimo señor, monarca hispano,
que a Dios, entre accidentes escondido,
cuando queréis mostraros más rendido,
es cuando os ostentáis más soberano:
    aquesa acción, señor, que al luterano 5
asombró en Carlos Quinto esclarecido,
y ésa, por quien el gran Rodulfo vido
del mundo el cetro en su piadosa mano,
    aunque aplaudida en el hispano suelo
ha sido con católica alegría, 10
no causa admiración a mi desvelo:
    quede admirado aquél que desconfía,
y de vuestra piedad, virtud y celo,
ésa y más religión no suponía.

Romance

A la Encarnación

    Que hoy bajó Dios a la tierra
es cierto; pero más cierto
es, que bajando a María,
bajó Dios a mejor cielo.
Por obediencia del Padre   5
se vistió de carne el Verbo,
mas tal, que le pudo hacer
comodidad el precepto.
Conveniencia fue de todos
este divino misterio,   10
pues el hombre, de fortuna,
y Dios mejoró de asiento.
Su sangre le dio María
a logro, porque a su tiempo,
la que recibe encarnando   15
restituya redimiendo;
si ya no es que, para hacer
la redención, se avinieron,
dando moneda la Madre,
y poniendo el Hijo el sello.   20
Un arcángel a pedir
bajó su consentimiento,
guardándole, en ser rogada,
de reina los privilegios.
¡Oh grandeza de María,   25
que cuando usa el Padre Eterno
de dominio con su Hijo,
use con ella de ruego!
A estrecha cárcel reduce
de su grandeza lo inmenso,   30

y en breve morada cabe
quien solo cabe en sí mesmo.

Villancico

A lo mismo

Hoy es del divino amor
la encarnación amorosa,
fineza que es tan costosa,
que a las demás da valor.
Que aunque el bien en los nacidos   5
primero, fue el ser formados,
¿para qué era ser criados,
sin poder ser redimidos?
Ni el poder solo gozar
el ser pudo ser placer;   10
porque, ¿para qué era el ser,
si era el ser para penar?
Los misterios eslabona
y es, para nuestro remedio,
del de la redención, medio,   15
del de la creación, corona.
¿Qué bien al mundo no ha dado
la encarnación amorosa
si aun la culpa fue dichosa
por haberla ocasionado?   20
Ni ella sola ser podía
causa, que si se repara,
para que Dios encarnara,
bastaba sola María.
Lo contrario no lo admito,   25
porque se me hace extrañeza,
poder más que su belleza,
el remedio de un delito.
Que aunque éste importó al consuelo
de un mundo en llanto profundo,   30

¿cuánto valdrá más que un mundo,
la que vale más que el cielo?
Aunque de haber encarnado
pudo ser doble el motivo:
de todos, por compasivo, 35
de ella, por enamorado.
Y así el bajar este día
al suelo, por varios modos,
fue por la culpa de todos
y la gracia de María. 40

Glosa

Glosa a San Josef

¿Cuán grande, Josef, seréis,
cuando vivís en el cielo,
si cuando estáis en el suelo
a Dios por menor tenéis?
¿Quién habrá, Josef, que mida   5
la santidad que hay en vos,
si el llamaros padre, Dios,
ha de ser vuestra medida?
¿Qué pluma tan atrevida
en vuestro elogio hallaréis?   10
Pues si lo que merecéis,
el que os quiere definir,
por Dios os ha de medir,
¿cuán grande, Josef, seréis?
Fue tanta la dignidad   15
que en este mundo tuvisteis,
que vos mismo no supisteis
toda vuestra santidad;
porque, acá, vuestra humildad
puso a vuestra virtud velo,   20
porque con tanto recelo
vuestra virtud ignoréis,
y solo la conocéis,
cuando vivís en el cielo.
El Señor os quiso honrar   25
por tan eminente modo,
que aquél que lo manda todo,
de vos se dejó mandar.
Si favor tan singular
mereció acá vuestro celo,   30

no hay por qué tener recelo
de que por padre os tendrá
cuando estáis glorioso allá,
si cuando estáis en el suelo
vos os queréis humillar; 35
mas Dios, con obedecer,
nos quiso dar a entender,
lo que vos queréis negar.
Sois, en perfección, sin par,
y cuanto ocultar queréis 40
lo mucho que merecéis,
porque la naturaleza
conozca vuestra grandeza,
a Dios por menor tenéis.

Romance

A lo mismo

Escuchen qué cosa y cosa
tan maravillosa aquésta:
un marido sin mujer,
y una casada, doncella.
Un padre que no ha engendrado   5
a un hijo a quien otro engendra;
un hijo mayor que el padre,
y un casado con pureza.
Un hombre que da alimentos
al mismo que lo alimenta,   10
cría al que lo crió, y al mismo
que lo sustenta, sustenta.
Manda a su propio señor,
y a su hijo Dios, respecta;
tiene por ama una esclava,   15
y por esposa una reina.
Celos tuvo y confianza,
seguridad y sospechas,
riesgos y seguridades,
necesidad y riquezas.   20
Tuvo, en fin, todas las cosas
que pueden pensarse buenas;
y es, en fin, de María esposo,
y de Dios, padre en la tierra.

Romance

A san Pedro

Del descuido de una culpa,
un gallo, Pedro, os avisa,
que aun lo irracional reprehende,
a quien la razón olvida.
¡Qué poco la Providencia   5
de instrumentos necesita,
pues a un apóstol convierte
con lo que un ave predica!
Examen fue vuestra culpa
para vuestra prelacía,   10
que peligra de muy recto
quien de frágil no peligra.
Tímido mueve el impulso
de la mano compasiva
quien en su castigo propio   15
tiene del dolor noticia.
En las ajenas flaquezas
siempre la vuestra se os pinta,
y el estruendo del que cae,
os recuerda la caída.   20
Así templan vuestros ojos
con la piedad la justicia,
cuando lloran como reos,
lo que como jueces miran.

Soneto. A la sentencia que contra Cristo dio Pilatos: y aconseja a los jueces que antes de firmar fiscalicen sus propios motivos

  Firma Pilatos la que juzga ajena
sentencia, y es la suya: ¡Oh caso fuerte!
¿Quién creerá que firmando ajena muerte,
el mismo juez en ella se condena?
  La ambición, de sí tanto le enajena   5
que con el vil temor, ciego, no advierte
que carga sobre sí la infausta suerte
quien al justo sentencia a injusta pena.
  ¡Jueces del mundo, detened la mano!
¡Aún no firméis!, mirad si son violencias   10
las que os pueden mover de odio inhumano.
  Examinad primero las conciencias:
mirad no haga el juez recto y soberano
que en la ajena, firméis vuestras sentencias.

Soneto. A la muerte del excelentísimo señor duque de Veragua

¿Ves, caminante? En esta triste pira
la potencia de Jove está postrada;
aquí Marte rindió la fuerte espada
aquí Apolo rompió la dulce lira;
aquí Minerva, triste, se retira; 5
y la luz de los astros, eclipsada,
toda está en la ceniza venerada
del excelso Colón que aquí se mira.
Tanto pudo la fama encarecerlo
y tanto las noticias sublimarlo, 10
que sin haber llegado a conocerlo
llegó con tanto extremo el reino a amarlo,
que muchos ojos no pudieron verlo,
mas ningunos pudieron no llorarlo.

Soneto. Al mismo

    Detén el paso, caminante; advierte
que aun esta losa guarda enternecida,
con triunfos de su diestra no vencida,
al capitán más valeroso y fuerte:
    al duque de Veragua, ¡oh triste suerte   5
que nos dio en su noticia esclarecida,
en relación, los bienes de su vida,
y en posesión, los males de su muerte!
    No es muerto el duque, aunque su cuerpo abrace
la losa que piadosa le recibe,   10
pues porque a su vivir el curso enlace,
    aunque el mármol su muerte sobrescribe,
en las piedras verás el Aquí yace,
mas en los corazones, Aquí vive.

Soneto. Al mismo

    ¡Moriste, duque excelso, en fin moriste,
Sol de Veragua claro y refulgente,
que apenas ilustrabas el oriente
cuando en fatal ocaso te pusiste!
    ¡Tú, que por tantas veces te ceñiste   5
el desdén vencedor del Sol ardiente,
apareciste exhalación luciente,
llegaste aplauso, ejemplo feneciste!
    Moriste, en fin, pero mostraste, osado,
el valor de tu pecho no vencido,   10
de la propia nación tan venerado,
    de las contrarias armas tan temido;
moriste de improviso, que aun el hado
no osara acometerte prevenido.

Villancicos

Que se cantaron en la santa iglesia metropolitana de México, en honor de María santísima, madre de Dios, en su Asunción triunfante, y se imprimieron, año de 1685

Nocturno I

Villancico I

Coplas   Al tránsito de María,
           el cuerpo y alma combaten:
           el cuerpo por no dejarla,
           y el alma por no apartarse.
           No de la unión natural   5
           tan estrecho abrazo nace;
           que vencen los superiores,
           los impulsos naturales.
           Tan breve el hermoso cuerpo
           espera vivificarse,   10
           que repugna la materia
           la introducción al cadáver.
           Como no tuvo la muerte
           razón para ejecutarle,
           no la pagó como deuda,   15
           y la aceptó como examen.
           Que pues ni fío ni tuvo
           delito, no hay ley que mande
           que como principal muera
           ni como fiadora pague.   20
           Murió por imitación,
           y para que no se hallase
           señal alguna en el hijo
           que no tuviese la madre;

	y para doblar sus triunfos,	25
	que es consecuencia grande	
	de morir tan generosa,	
	resucitar tan triunfante.	
Estribillo	¡Viva, reine, triunfe y mande,	
	que quien a morir se atreve	30
	y paga lo que no debe,	
	bien la corona merece	
	que en sus sienes ennoblece;	
	y le es dos veces debida,	
	por suya y por adquirida	35
	con una hazaña tan grande!	
	¡Viva, reine, triunfe y mande!	

Villancico II

	Pues la Iglesia, señores,	
	canta a María,	
	de fuerza ha de cantarle	
	la letanía.	
	¡Oigan, óiganla todos con alegría,	5
	que es de la Iglesia, aunque parece mía!	
Coplas	Uno solo.	
	De par en par se abre el cielo,	
	para que entre en él María,	
	porque a la puerta del cielo	
	puerta del Cielo reciba.	10
Coro	Ianua Coeli, Ora pro nobis.	
	1. El Sol, de sus bellos rayos	
	le da vestidura rica,	
	y las estrellas coronan	

235

	a la Estrella Matutina.	15
Coro	Stella matutina, Ora pro nobis. 1. Su hermosura copia el cielo en superficies bruñidas, sirviendo de espejo claro al Espejo de Justicia.	20
Coro	Speculum iustitiae, Ora pro nobis. 1. Todas las gloriosas almas que tuvo la ley antigua se le postran, adorando su naturaleza misma.	25
Coro	Regina Patriarcharum, Ora pro nobis. 1. También a sus pies postradas las tres altas jerarquías, la reconocen Señora de la Celestial Milicia.	30
Coro	Regina Angelorum, Ora pro nobis, 1. Cuantos bienaventurados la eterna mansión habitan del empíreo, en fin, gozosos, por su reina la apellidan.	35
Coro	Regina Sanctorum Omnium, Ora pro nobis.	

Villancico III

Estribillo   Esta es justicia, ¡oigan el pregón!,
que manda hacer el rey Nuestro Señor,
en su madre intacta, porque cumplió
su voluntad con toda perfección.

¡Oigan el pregón, oigan el pregón!

Coplas
Triunfante señora,
ya que tu asunción
se sube de punto,
quiero alzar la voz.
¡Oigan el pregón!
Manda el Rey Supremo
que, porque vivió
María sin culpa,
para sin dolor.
¡Oigan el pregón!
Vivió inmaculada;
y así, fue razón,
que muera María
conforme vivió.
¡Oigan el pregón!
Mérito es su muerte,
y no obligación:
pues pagó el tributo
que nunca debió.
¡Oigan el pregón!
A la misma muerte
con la suya honró,
porque hasta la muerte
goce su favor.
¡Oigan el pregón!
Por otro motivo,
que todos, murió:
no de hija de Adán,
de madre de Dios.
¡Oigan el pregón!
Por aquellas causas
el Señor mandó,

que goce la gloria,
pues la mereció.
¡Oigan el pregón!　　　　　　　　　　40

Nocturno II

Villancico I

Estribillo   Las flores y las estrellas
                tuvieron una cuestión.
                ¡Oh, qué discretas que son!
                Unas con voz de centellas,
                y otras con gritos de olores;   5
                ¡óiganlas reñir, señores,
                que ya dicen sus querellas!

Coro 1   ¡Aquí de las estrellas!

Voz 2   ¡Aquí de las flores!
                Tropa ¡Aquí de las estrellas,   10
                aquí de las flores!

Coplas

Voz 1.   Las estrellas es patente
                que María las honró
                tanto, que las adornó
                con sus ojos y su frente.   15
                Luego es claro y evidente
                que éstas fueron las más bellas.

Coro 1   ¡Aquí de las estrellas!

Voz 2   ¿Qué flor en María no fue
                de las estrellas agravios,   20
                desde el clavel de los labios
                a la azucena del pie?
                Luego más claro se ve

239

	que éstas fueron las mejores.	
Coro 2	¡Aquí de las flores!	25
Voz 1	En su vida milagrosa	
	la inmaculada doncella	
	fue intacta como la estrella,	
	no frágil como la rosa.	
	Luego es presunción ociosa	30
	querer preceder aquéllas.	
Coro 1	¡Aquí de las estrellas!	
Voz 2	Su fragancia peregrina,	
	más propia la simboliza	
	la rosa que aromatiza,	35
	que la estrella que ilumina.	
	Luego a ser rosa se inclina	
	mejor que a dar resplandores.	
Coro 2	¡Aquí de las flores!	
Voz 1	Por lo más digno eligió	40
	de lo que se coronó,	
	y es su corona centellas.	
Coro 1	¡Aquí de las estrellas!	
Voz 2	Lo más hermoso y lucido	
	es su ropaje florido,	45
	y lo componen colores.	
Coro 2	¡Aquí de las flores!	

Voz 1	Estrellas sube a pisar, y en ellas quiere reinar, coronándolas sus huellas.	50
Coro 1	¡Aquí de las estrellas!	
Voz 2	Entre flores adquirió esa gloria que alcanzó; luego éstas son superiores.	
Coro 2	¡Aquí de las flores!	55
Voz 1	¡Fulmínense las centellas!	
Coro 1	¡Aquí de las estrellas!	
Voz 2	¡Dispárense los ardores!	
Coro 2	¡Aquí de las flores!	
Voz 1	¡Aquí, aquí de las querellas!	60
Voz 2	¡Aquí, aquí de los clamores!	
Voz 1	¡Batalla contra las flores!	
Voz 2	¡Guerra contra las estrellas!	
Coro 1	¡Batalla contra las flores!	
Coro 2	¡Guerra contra las estrellas!	65

Villancico II

A la que triunfante
bella emperatriz,
huella de los aires
la región feliz;
a la que ilumina 5
su vago confín,
de arreboles de oro,
nácar y carmín;
a cuyo pie hermoso
espera servir 10
el trono estrellado
en campo turquí;
a la que confiesa
cien mil veces mil,
por señora el ángel, 15
reina el serafín;
cuyo pelo airoso
desprende sutil,
en garzotas de oro,
banderas de Ofir, 20
proceloso y crespo
se atreve a invadir,
con golfos de Tíbar,
reinos de marfil;
de quien aprendió 25
el Sol a lucir,
la estrella a brillar,
la aurora a reír;
cantemos la gala,
diciendo al subir: 30
ipues vivió sin mancha,
que viva sin fin!

Estribillo   Y pidamos a una voz,

	que ampare al pobre redil,	
	pues aunque no hay más que ver,	35
	siempre queda qué pedir.	

Villancico III

Coplas A las excelsas imperiales plantas
de la triunfante poderosa reina
que corona de estrellas sus dos sienes
y sus dos pies coronan las estrellas;
a la que de laureles adornada   5
y tremolando victoriosas señas,
caudal águila vuela a las alturas,
fragrante vara sube a las esferas;
a la que en giros rápidos de luces,
si del que la hospedó valle se ausenta,   10
cuanto con la presencia más se aparta,
tanto con la piedad en él se queda;
a la que se abatió hasta ser esclava
por merecer el título de reina,
zanjando en los cimientos de humildades   15
los edificios de mayor alteza;
a aquélla que, aunque se confiesa esclava,
se excluye de la culpa, pues expresa
el soberano dueño a quien se humilla,
porque solo de Dios serlo pudiera: 20
celebremos alegres, pues hoy logra
del Aquilón en la mansión suprema,
gozar por su humildad el trono empíreo
que pretendió Luzbel con su soberbia.

Estribillo Y cantemos humildes   25
con voces tiernas,
que ir la reina hermosa,

Voz	a la gloria eterna,	
Tropa	¡sea enhorabuena!	
Voz	El gozar triunfante la silla suprema,	30
Tropa	¡norabuena sea!	
Voz	Pues en la que sube lo ha de ser por fuerza,	
Tropa	¡sea norabuena! ¡Norabuena sea!	35

Nocturno III

Villancico I

Cabeza   Fue la asunción de María
de tan general contento,
que uno con otro elemento
la festejan a porfía.
Y haciendo dulce armonía,   5
el agua a la tierra enlaza,
el aire a la mar abraza,
y el fuego circunda el viento.
¡Ay, qué contento,
que sube al cielo María!   10
¡Ay, qué alegría,
ay, qué contento,
ay, qué alegría!

Coplas   Entre dos, y responde la tropa.
1. En dulce desasosiego,
por salva a sus pies reales,   15
dispara el agua cristales,
y tira bombas el fuego;
caja hace la tierra, y luego
forma clarines el viento.

Tropa   ¡Ay, qué contento!   20
2. Al subir la reina hermosa,
cubierta de grana fina,
descuella la clavellina,
y rompe el botón la rosa;
la azucena melindrosa   25
da al aire el ámbar que cría.

Tropa	¡Ay, qué alegría!
	1. Las aves con picos de oro
	saludan mejor aurora,
	y una y otra voz sonora 30
	sale de uno y otro coro,
	cuyo acento no es, sonoro,
	de humano imitado acento.

Tropa	¡Ay, qué contento!
	2. Pues, ¿cómo serán aquellas 35
	fiestas donde asisten graves
	ángeles en lugar de aves,
	y en vez de rosas, estrellas,
	a quien sus hermosas huellas
	han de pisar este día? 40

Tropa	¡Ay, qué alegría!
	1. Que nuestra naturaleza
	al solio de más grandeza
	sube sobre el firmamento.

Tropa	¡Ay, qué contento! 45
	2. Que por gracia y hermosura
	pueda una pura criatura
	gozar tanta monarquía.

| Tropa | ¡Ay, qué alegría! |
| | 1. Gócela siglos sin cuento.   50 |

| Tropa | ¡Ay, qué contento! |
| | 2. Pues la mereció María. |

| Tropa | ¡Ay, qué alegría! |
| | ¡Ay, qué alegría! |

             ¡Ay, qué contento!   55

Villancico II

Ensalada

En tono de jácara la Introducción a dos voces.

Voz 1   Yo perdí el papel, señores,
               que a estudiar me dio el maestro
               de esta fiesta, porque yo
               siempre la música pierdo.

Voz 2   Pues no os dé ningún cuidado,   5
               que otras cosas cantaremos,
               que el punto propio es cantar,
               aunque no es el punto mesmo.

Voz 1   Pues, ¿qué podemos decir?

Voz 2   Lo que dictare el celebro,   10
               cualquier cosa, y Dios delante,
               pues delante le tenemos.
               Y haremos una ensalada
               de algunos picados versos,
               más salada que una hueva   15
               y más fresca que el invierno.

Voz 1   Vaya pues, y empiece usted.

Voz 2   En nombre de Dios comienzo.
               Érase aquel valentón
               que a Malco cortó en el huerto   20
               la oreja.

247

Voz 1	¡Cuerpo de tal! ¿Ahora sale con san Pedro, que es día de la Asunción?
Voz 2	¿Pues qué viene a importar eso? 25 Al tránsito de la Virgen, donde todos concurrieron los apóstoles, ¿no estuvo entre todos asistiendo más presente que un regalo? 30 ¿Pues qué importa que cantemos: Érase san Pedro, cuando la Virgen se subió al cielo?
Voz 1	Nada importa; pero yo quiero cantar, si me acuerdo, 35 una letrilla en latín, y que vendrá bien sospecho, por un tono del Retiro, con que vendrá a ser acierto, pues se retira María, 40 que del retiro cantemos.
Voz 2	Vaya pues, y no sea largo.
Voz 1	No soy liberal de versos.
Coplas	¡O Domina Speciosa, O Virgo praedicanda, 45 O Mater veneranda, O Genitrix gloriosa, O Dominatrix orbis generosa! Maerorem abstulisti

	Mundi, quem honorasti;	50
	Aspidem superasti;	
	Genitorem genuisti;	
	Ideoque omnium Regina dicta fuisti.	
	Monilibus ornata	
	Regia cum maiestate,	55
	Et mira varietate	
	Virtutum coronata,	
	Super omnes es coelos exaltata.	
	Supplices te exoramus,	
	Ut preces nostras audias;	60
	Miserrimos que exaudias,	
	Te Domina rogamus;	
	Et ad Matrem mitissimam clamamus.	

Prosigue la Introducción

Voz	Bueno está el latín, mas yo	
	de la ensalada, os prometo,	65
	que lo que es deste bocado,	
	lo que soy yo, ayuno quedo.	
	Y para darme un hartazgo,	
	como un negro camotero	
	quiero cantar, que al fin es	70
	cosa que gusto y entiendo;	
	pero me han de ayudar todos.	

Tropa	Todos os lo prometemos.	

Voz	Pues la mano de Dios,	
	y transfórmome en guineo.	75

Negro	¡Oh santa María,	
	que a Dioso parió,	

sin haber comadre,
ni tené doló!
¡Roro, roro, ro,   80
roro, roro, ro!
¡Qué cuaja, qué cuaja,
qué cuaja te doy!
Espela, aún no suba,
que tu negro Antón   85
te guarra cuajala
branca como Sol.
Roro, etc.
Garvanza salara
tostada ri doy,   90
que compló Cristina
máse de un tostón.
Roro, etc.
Camotita linda,
fresca requesón,   95
que a tus manos beya
parece el coló.
Roto, etc.
Mas ya que te va,
ruégale a mi Dios,   100
que nos saque lible
de aquesta plisión.
Roto, etc.
Y que aquí vivamo
con tu bendició,   105
hasta que Dioso quiera
que vamos con Dios.
¡Roro, roro, ro,
roro, roro, ro!
¡Qué cuaja, qué cuaja,   110
qué cuaja te doy!

Prosigue la Introducción

Voz	Pues que todos han cantado,
	yo de campiña me cierro,
	que es decir, que de Vizcaya
	me revisto; dicho y hecho.	115
	Nadie el vascuence mormure,
	que juras a Dios eterno
	que aquesta es la misma lengua
	cortada de mis abuelos.
	Vizcaíno Señora andre María,	120
	¿por qué a los cielos te vas
	y en tu casa Aranzazu
	no quieres estar?
	¡Ay, que se va galdunai,
	nere bici guzico galdunai!	125
	Juras a Dios, Virgen pura,
	de aquí no te has de apartar;
	que convenga, no convenga,
	has de quedar.
	¡Galdunai, ay, que se va,	130
	nere bici guzico, galdunai!
	Aquí en Vizcaya te quedas:
	no te vas, nere bïoza;
	y si te vas, vamos todos,
	iba goaz!	135
	¡Galdunai, ay, que se va,
	nere bici guzico galdunai!
	Guatzen, Galanta, contigo;
	Güatzen, nere lastana:
	que al cielo toda Vizcaya	140
	has de entrar.
	¡Galdunai, ay, que se va,
	nere bici guzico galdunai!

Villancicos

Que se cantaron en los maitines del gloriosísimo padre san Pedro Nolasco, fundador de la Sagrada Familia de Redentores del Orden de Nuestra Señora de la Merced, día 31 de enero de 1677 años, en que se imprimieron

Dedicatoria	En fe de sentencia tal	
	por punto de ley, ajusto	
	que la imagen siempre es justo	
	se vuelva a su original.	
	Que ella es de un César señal	5
	conozco, si atiendo al cúya;	
	mas, supuesto que sea suya	
	por lo que en ésta diviso,	
	otro hay a quien es preciso,	
	que César, de Dios se arguya.	10
	De este César, hoy mi voz,	
	publica, el sello a la luz,	
	del ser señal de la cruz,	
	con que es señal que es de Dios.	
	Para en uno son los dos,	15
	¡Oh Julia César Augusta!	
	Nuestra atención muy bien gusta	
	si hoy a vos la imagen vuestra	
	consagra: que es gloria nuestra	
	a vueltas de ser tan justa.	20

Nocturno I

Estribillo	En la mansión inmortal
	donde no habita la pena,
	que es toda de gloria llena,
	Jerusalén celestial,
	ya libres de todo mal 5
	los espíritus gloriosos,
	todos celebran gozosos
	de Pedro el triunfo feliz
	que unió la francesa lis
	a las barras de Aragón; 10
	entre tan santo escuadrón,
	él muestra más bizarría,
	por ser hijo de María.
Coplas	Aunque cualquier santo puede
	ser de María hijo amado, 15
	en título tan honrado
	a todos Nolasco excede:
	pues a él se le concede
	hacer lo que Cristo hacía
	por ser hijo de María. 20
	La reina de la belleza
	a los dos da vestidura:
	a uno de su carne pura,
	y al otro de su pureza;
	Pedro goza tal grandeza 25
	en que a Cristo parecía,
	por ser hijo de María.
	Casi con igual estima
	a los dos hijos mandó:
	si uno las almas sanó, 30
	otro los cuerpos redima,

porque al cristiano no oprima
del moro la tiranía,
por ser hijo de María.
Y si a Cristo en su Pasión   35
ángeles acompañaron
y su sangre veneraron,
precio de la Redención,
a Pedro en otra ocasión
limpiaron la que vertía,   40
por ser hijo de María.
Ambos de su Redención
vincularon los portentos,
el uno en sus sacramentos,
y el otro en su religión: 45
porque en eterno padrón
se conserve obra tan pía,
por ser hijo de María.
Quiso al nacer Dios morir;
pues, donde está tal Señor   50
no luce otro redentor:
de donde llego a inferir
que solo quiso vivir
mientras redimir podía,
por ser hijo de María.   55
   Y si el cuerpo no se halló
de Cristo, y los que buscaron
cándidas guardas hallaron,
también el de éste faltó:
y solo por él quedó   60
su cándida compañía,
por ser hijo de María.

Otro

Estribillo ¡Ah de las mazmorras, cautivos presos!
¡Atended a mis voces, oíd mis ecos:
que unas nuevas os traigo tan portentosas,
que os han de causar gusto siendo penosas,
pues en la muerte de Nolasco santo,   5
brota la pena gloria, y risa el llanto!

Coplas ¡Ah de las mazmorras!
Tened atención,
atended, cautivos,
las nuevas que os doy.   10
Escuchad mi llanto,
a falta de voz,
que también por señas
se explica el dolor.
Sabed que ya es muerto   15
Pedro el redentor,
¿cómo muere quien
vida a tantos dio?
No esperéis consuelo,
pues él os faltó,   20
y acabó en su vida
vuestra redención.
De vuestras cadenas
ya sin remisión
es candado eterno   25
cualquiera eslabón.
¿A dónde hallaréis
tan noble pastor,
que por cada oveja
su vida arriesgó,   30
y quedando expuesto

al fiero rigor,
dio su libertad
por vuestra prisión?
Llorad, y deshechos   35
en líquido humor,
busque por los ojos
puerta el corazón.
Pero, ¿qué delirio
así me llevó,   40
y arrebató el alma
tras la compasión?
No lloréis, cautivos,
porque no es razón
llorar que esté libre   45
quien os libertó.
Cristo a ejercitar
su oficio nació,
que tal es la falta,
que la suple un Dios.   50
Siempre os será Pedro
con igual amor,
redentor aquí,
y allá intercesor.

Otro

Estribillo ¡Aguija, aguija, caminante aprisa,
que es corto el tiempo y larga la carrera,
aguija, corre, corre, alija la carga,
que el Sol se pone y la carrera es larga!

Coplas Nolasco, aquel caminante   5
que en la carrera del siglo
supo caminar al cielo
sin dilatar el camino;
el que por ir más ligero,
sin la carga de los vicios,   10
no solo de bienes, pero
se descargó de sí mismo;
dejó su patria y riquezas,
dejó su noble apellido,
y si el ser dejar pudiera,   15
pienso que no hubiera sido;
camina por un atajo,
que aunque es trabajo seguirlo,
más quiere atajos con riesgo
que rodeos sin peligro.   20
Sobre sus obras camina,
que con celestial destino
son las más veloces postas
para llegar al empíreo.
La fatiga del viaje   25
le hace dulce el ejercicio,
que no siente andar quien tiene
el pie siempre en el estribo.
Para sustentarse lleva
en el pecho el peregrino   30
porque nada le embarace,

el Viático escondido.
Ya del eterno descanso
llega al apacible sitio
y de sus largas fatigas 35
goza el premio merecido.

Nocturno II

Estribillo ¡Ay, cómo gime! Mas, ¡ay, cómo suena
el cisne, que en dulcísimas endechas
suenan epitalamios, y son exequias!

Coplas Aquel cisne de María,
que vistió en la toga tersa   5
la más cándida señal
de su virginal pureza,
el escudo de sus armas,
la cifra de sus empresas,
archivo de sus favores,   10
y de su honor la defensa;
cuya voz mejor que Orfeo,
con dulcísimas cadencias
de tantos tristes cautivos
rompió las fuertes cadenas;   15
el que en las corrientes puras
por conservar su limpieza
de las fuentes de la gracia
tuvo morada perpetua:
hoy conociendo su fin,   20
en dulces cláusulas tiernas,
la mortal vida despide
para pasar a la eterna,
y aunque se conoce limpio,
a la Majestad Suprema,   25
sobre el candor de la nieve
le pide que le emblanquezca.

Otro

Estribillo   Escuchen a mi musa,
             que está de gorja,
             y se quiere este rato
             mostrar burlona.
             No pierdan esta ocasión,   5
             porque será compasión
             si me dejan de escuchar:
             andar, andar.
             Vaya Satanás a redro,
             que pues mis victorias medro   10
             y ninguno se me enoja,
             diré lo que se me antoja,
             porque se me antoja Pedro.

Coplas   De Pedro he de discurrir
             los milagros esta vez,   15
             y el mayor milagro es
             que yo lo quiera decir.
             Cuéntannos que a luz salió
             para acabar nuestras penas
             el día de las cadenas,   20
             porque a quitarlas nació;
             porque en su ardiente fervor
             la Iglesia en triunfo doblado
             goce un Pedro encadenado,
             y un desencadenador.   25
             Mas, ¿quién por esto le alaba,
             ni quiere ofrecerle palmas,
             si cautivaba mil almas
             por un cuerpo que libraba?
             Venderse por varios modos,   30
             por rescatar, intentó,

pero nadie lo compró,
porque lo conocen todos.
Con su limosna pesado,
sin perdonar a ninguno, 35
a todos por importuno
sacó el alma de pecado.
De sentir el modo es vario,
pues al mirar su fervor,
todos dicen que es pastor, 40
pero yo, que es mercenario.
Con sus compañeros franco,
cuando algunos recibía,
mil cosas les prometía
para dejarlos en blanco. 45
De la pobreza tal sed
tuvo, con tal eficacia,
que siempre vivió de gracia,
y se enterró de merced.

Otro

Jácara

Estribillo	¡Escuchen, cómo, a quién digo,
	que va de jacarandana!
	A los valientes convido,
	oigan, oigan, vaya, vaya,
	que a quien de Pedro sus hazañas cuenta, 5
	la atención no es gracia, sino deuda.
Coplas	Oigan, atiendan, que canto
	las hazañas portentosas
	de aquel asombro de Marte,
	del espanto de Belona, 10
	del imitador de Cristo,
	predicador de sus glorias,
	del cuchillo del hereje,
	del espanto de Mahoma.
	Nolasco digo, el valiente, 15
	el de la vida penosa,
	quebrantador de prisiones,
	despoblador de mazmorras.
	Aquel valiente francés,
	asombro de Barcelona, 20
	que hizo temblar sus montañas
	más que el bravo Serralonga;
	bandolero que en poblado,
	robando las almas todas,
	a cenar con Jesucristo, 25
	despachó muchas personas;
	el que desnudando a todos
	con una maña famosa,
	dejó la nobleza y plebe

a pedir misericordia; 30
el que sin tener caudal,
todos los bienes le sobran,
porque la merced de Dios
no le falta a todas horas;
el que en honor de María, 35
si desenvaina la hoja
por defender su pureza,
ni con su sangre se ahorra.
El que alistó en su bandera
tanta inmensidad de tropas, 40
que haciéndole fuerza al cielo,
arrebataron la gloria;
el que por librar amigos,
con condición generosa
trujo la vida vendida 45
sin más ayuda de costa;
el que, privado del rey,
trujo por insignia honrosa
en campo rojo esmaltadas
cinco barras vencedoras; 50
el que con todo su brío
sufrió lo que nadie ignora,
pues dándole un bofetón,
no osó desplegar la boca.
Mas como los de su trato 55
nunca de otros fines gozan,
después de tantas andanzas,
murió pidiendo limosna.

Nocturno III

Estribillo
¡Vengan a ver un lucero
en el redentor segundo,
que ha ejercitado en el mundo
el oficio del primero!
¡Vengan a ver un esmero   5
de la gracia, y sus primores!
¡Corred aprisa, pastores,
veréis que tiene en su celo
otro redentor el suelo,
que sin que el título asombre,   10
da en la tierra paz al hombre,
y gloria a Dios en el cielo.

Coplas
Porque en Nolasco se crea
cuánto a Jesucristo aplace
que su retrato se vea,   15
en la Galia Pedro nace,
como Cristo en Galilea.
Aun antes de discurrir
limosnas empezó a hacer,
porque podamos decir   20
que acabado de nacer
ya empezaba a redimir.
Pero ya en panal se toca
misterio más soberano,
que a admirarse más provoca,   25
pues tuvo Pedro en la mano
lo que la esposa en la boca.
Dar la sangre deseaba
con tan ardiente afición,
que la que no derramaba,   30
del deseo de pasión

como Cristo, la sudaba.
El juicio más discursivo
no ponderará el fervor
del santo, pues, compasivo,   35
cautivaba un redentor
por rescatar un cautivo.
La ocupación más subida
de Cristo quiso imitar,
que en batalla tan temida,   40
¿qué pudo Pedro esperar
donde aun Dios perdió la vida?
Los enfermos visitaba
con santo desinterés,
y su remedio buscaba,   45
que como era buen francés,
del mal francés los curaba.
En él, de Pedro y su fe
todas las señales hubo
y hasta el gallo en él se ve,   50
porque si el otro lo tuvo,
éste de nación lo fue.
Con caritativo ardor
de amores se consumía
del martirio y su rigor,   55
porque el santo más quería
ser mártir que confesor.
Y en fin, de Cristo imitó
todos los pasos, así
que en su paciencia se vio   60
que, cuando todos por sí,
él por todos padeció.
¡Vengan a ver un lucero, etc.!

Villancico de la ensaladilla

        A los plausibles festejos
        que a su fundador Nolasco
        la redentora familia
        publica en justos aplausos,
        un negro que entró en la iglesia,   5
        de su grandeza admirado,
        por regocijar la fiesta
        cantó al son de un calabazo.

Porto-Rico
Estribillo   ¡Tumba, la, la, la, tumba, la, le, le,
        que donde ya Pilico, escraba no quede!   10
        ¡Tumba, tumba, la, le, le, tumba, la, la, la,
        que donde ya Pilico, no quede esclava!

Coplas   Hoy dici que en las Melcede
        estos Parre Mercenaria
        hace una fiesta a su palre,   15
        ¿qué fiesta?, ¡como su cala!
        Eya dici que redimi,
        cosa palece encantala,
        poro que yo la oblaje vivo,
        y las Parre no mi saca.   20
        La otra noche con mi conga
        turo sin durmí pensaba,
        que no quiele gente plieta,
        como eya so gente branca.
        Sola saca la pañole,   25
        pues, Dioso, ¡mila la trampa,
        que aunque neglo, gente somo,
        aunque nos dici cabaya!
        Mas, ¿qué digo, Dioso mío?

>   Los demoño, que me engaña 30
>   pala que esé mulmulando
>   a esa Redentola santa.
>   El santo me lo perrone,
>   que so una malo hablala,
>   que aunque padezca la cuepo, 35
>   en ese libla las alma.
>   Tumba, la, le, le, etc.

Prosigue la Ensaladilla

>   Siguióse un estudiantón,
>   de bachiller afectado,
>   que escogiera antes ser mudo 40
>   que parlar en castellano.
>   Y así, brotando latín
>   y de docto reventando,
>   a un barbado que encontró
>   disparó estos latinajos: 45

Diálogo

Estudiante.   Hodie Nolascus divinus
              in Coelis est collocatus.

Hombre.   Yo no tengo asco del vino,
              que antes muero por tragarlo.

Estudiante.   Uno mortuo Redemptore, 50
              Alter est redemptor natus.

Hombre.   Yo natas buenas bien como
              mas no he visto buenos natos.

Estudiante.	Omnibus fuit Salvatoris	
	ista perfectior imago.	55
Hombre.	Mago no soy, voto a tal,	
	que en mi vida lo he estudiado.	
Estudiante.	Amice, tace nam ego	
	non utor sermone hispano.	
Hombre.	¿Que te aniegas en sermones?	60
	Pues no vengas a escucharlos.	
Estudiante.	Nescio quid nunc mihi dicis	
	ne quid vis dicere capio.	
Hombre.	Necio será él y su alma,	
	que yo soy un hombre honrado.	65

Prosigue la Introducción

> Púsolos en paz un indio,
> que cayendo y levantando,
> tomaba con la cabeza
> la medida de los pasos;
> el cual en una guitarra   70
> con ecos desentonados,
> cantó un tocotín mestizo
> de español y mexicano.

Tocotín
> Los Padres bendito
> tiene o Redentor,   75
> amo nic neltoca
> quimati no Dios.
> Solo Dios Piltzintli

del cielo bajó,
y nuestro tlatlacol 80
nos lo perdonó.
Pero estos teopixqui
dice en so sermón,
que este san Nolasco
Miechtincompró. 85
Yo al santo lo tengo
mucha devoción
y de Sempual xuchil
un xuchil le doy.
Yéhualt so persona 90
dis que se quedó
con los perro moro
ipamce ocasión.
Mati Dios, si allí
lo estuviera yo, 95
censontle matara
con un mojicón.
Y nadie lo piense
lo hablo sin razón,
cani panadero, 100
de mocha opinión.
Huel ni machlcahuac,
no soy hablador,
no teco qui mati,
que soy valentón. 105
Se no compañero
lo desafió,
y con se poñete
allí se cayó.
También un topil 110
del gobernador,
caipampa tributo

prenderme mandó.
Mas yo con un cuahuil
un palo lo dio, 115
ipam i sonteco
no se si morió.
Y quiero comprar
un san redentor,
yuhqui el del altar 120
con so bendición.

Villancicos

Que se cantaron en la santa iglesia metropolitana de México, en honor de María santísima madre de Dios, en su Asunción triunfante, año de 1687 en que se imprimieron

Nocturno I

Villancico I

                Vengan a ver una apuesta,
                vengan, vengan, vengan,
                que hacen por Cristo y María
                el cielo y la tierra.
                Vengan, vengan, vengan.   5

Coplas   El cielo y la tierra este día
                compiten entre los dos,
                ella, porque bajó Dios,
                y él, porque sube María:
                cada cual en su porfía,   10
                no hay modo de que se avengan.
                    Vengan, vengan, vengan.
                Dice el cielo: Yo he de dar
                posada de más placer,
                pues Dios vino a padecer,   15
                María sube a triunfar;
                y así es bien que a tu pesar
                mis fueros se me mantengan.
                    Vengan, vengan, vengan.
                La tierra dice: Recelo   20
                que fue más bella la mía,
                pues el vientre de María
                es mucho mejor que el cielo,

y así es bien que en cielo y suelo
por más dichosa me tengan.   25
   Vengan, vengan, vengan.
Injustas son tus querellas,
pues a coronar te inclinas
a Cristo con tus espinas,
yo a María con estrellas,   30
dice el cielo; y las más bellas
di, que sus sienes obtengan.
   Vengan, vengan, vengan.
La tierra dice: Pues más
el mismo Cristo estimó   35
la carne que en mí tomó,
que la gloria que tú das;
y así no esperes jamás
que mis triunfos se retengan.
   Vengan, vengan, vengan.   40
Al fin vienen a cesar,
porque entre tanta alegría,
pone, al subir, paz María,
como su hijo al bajar;
que en gloria tan singular,   45
es bien todos se convengan.
   Vengan, vengan, vengan.

Villancico II

Illa quae Dominum coeli
gestasse in utero, digna,
et Verbum divinum, est
mirabiliter enixa;
cuius ubera Puello   5
lac dedere benedicta,
at vox conciliavit somnum
davidica dulcior lyra;
quae subiectum habuit illum
materna sub disciplina   10
coeli quem trementes horrent,
dum fulmina iratus vibrat;
cui virgineum pedem gaudet
Luna osculari submisa,
quaeque stellis coronatur   15
fulgore solis amicta:
magna stipante caterva
ex Angelorum militia,
victrix coelum ascendit,
ubi per saecula vivat.   20
Custodes portarum timent,
ut ingrediatur Maria,
ne cardinibus evulsis,
totum coelum porta fiat.
Ascendit coelos, et coelos   25
luce vestit peregrina,
atque deliciarum loco
Ignotas infert delicias.
Innixa super dilectum
coelestem thalamum intrat,   30
ubi summam potestatem
habet a Deitate Trina.

Ad dexteram Filij sedet,
et ut coelorum Regina
tota coronatur gloria,   35
et gloriam coronat ipsa.
Vident superi ascendentem,
et admirantium adinstar,
adinstar concelebrantium
alterna quaerunt laetitia.   40
Quae es ista? Quae est ista
quae de deserto ascendit sicut virga,
stellis, sole, Luna pulchrior? Maria!

Jácara

¡Aparten!, ¿cómo, a quién digo?
¡Fuera, fuera, plaza, plaza,
que va la jacarandina!
¿Cómo que no, sino al alba?
Vaya de jácara, vaya, vaya, 5
que si corre María con leves plantas,
un corrido es lo mismo que una jácara.
¡Allá va, fuera, que sale
la valiente de aventuras,
deshacedora de tuertos, 10
destrozadora de injurias!
Lleva de rayos del Sol
resplandeciente armadura,
de las estrellas, y el yelmo,
los botines, de la Luna; 15
en un escudo luciente
con que al infierno deslumbra,
un mote con letras de oro
en que dice, Tota pulchra.
La celebrada de hermosa 20
y temida por sañuda,
Bradamante en valentía,
Angélica en hermosura;
la que si desprende al aire
la siempre madeja rubia, 25
tantos Roldanes la cercan
cuantos cabellos la inundan;
la que deshizo el encanto
de aquella serpiente astuta,
que con un conjuro a todos 30
nos puso servil coyunda;
la que venga los agravios

y anula leyes injustas,
asilo de los pupilos
y amparo de las viudas; 35
la que libertó los presos
de la cárcel, donde nunca
a no intervenir su aliento,
esperaban la soltura;
la de quien tiembla el infierno, 40
si su nombre se pronuncia,
y dicen que las vigilias
los mismos reyes le ayunan;
la que nos parió un león
con cuya rugiente furia 45
al dragón encantador
puso en vergonzosa fuga;
la más bizarra guerrera
que entre la alentada turba,
sirviendo al imperio sacro 50
mereció corona augusta;
la paladina famosa,
que con esfuerzo e industria
conquistó la Tierra Santa,
donde para siempre triunfa. 55
Ésta, pues, que a puntapiés
no hay demonio que la sufra,
pues en mirando sus plantas
le vuelve las herraduras,
coronada de blasones 60
y de hazañas que la ilustran,
por no caber ya en la tierra,
del mundo se nos afufa,
y andante de las esferas,
en una nueva aventura, 65
halla el tesoro escondido

que tantos andantes buscan,
donde con cierta virtud,
que la favorece, oculta,
de vivir eternamente   70
tiene manera segura.
Vaya muy en hora buena,
que será cosa muy justa,
que no muera como todas
quien vivió como ninguna.   75

Nocturno II

Villancico IV

La soberana doctora
de las escuelas divinas,
de quien los ángeles todos
deprenden sabiduría,
por ser quien inteligencia 5
mejor de Dios participa,
a leer la suprema sube
cátedra de teología.
Por primaria de las ciencias
es justo que esté aplaudida 10
quien de todas las criaturas
se llevó la primacía.
Ninguno de Charitate
estudió con más fatiga,
y la materia de Gratia 15
supo, aun antes de nacida.
Después la de Incarnatione
pudo estudiar en sí misma,
con que en la de Trinitate
alcanzó mayor noticia. 20
Los soberanos cursantes
que las letras ejercitan
y de la sagrada ciencia
los secretos investigan,
con los espíritus puros 25
que el eterno solio habitan,
inteligencias sutiles
(ciencia de Dios se apellidan),
todos la votan iguales,
y con amantes caricias, 30

| | le celebran la victoria
y el triunfo le solemnizan. | |
|---|---|---|
| Estribillo | Y con alegres voces de aclamación festiva,
hinchan las raridades del aire, de alegrías,
y solo se percibe en la confusa grita:
¡Vítor, vítor, vítor, vítor María,
a pesar del infierno y de su envidia.
Vítor, vítor, vítor, vítor María! | 35 |

Villancico V

Aquella zagala
del mirar sereno,
hechizo del soto
y envidia del cielo;
la que al mayoral 5
de la cumbre excelso
hirió con un ojo,
prendió en un cabello;
a quien su querido
le fue mirra un tiempo 10
dándole morada
sus cándidos pechos;
la que en rico adorno
tiene, por aseo,
cedrina la casa 15
y florido el lecho;
la que se alababa
que el color moreno
se lo iluminaron
los rayos febeos; 20
la por quien su esposo
con galán desvelo
pasaba los valles,
saltaba los cerros;
la del hablar dulce, 25
cuyos labios bellos
destilan panales,
leche y miel vertiendo;
la que preguntaba
con amante anhelo 30
dónde de su esposo
pacen los corderos;

                a quien su querido,
                liberal y tierno,
                del Líbano llama   35
                con dulces requiebros;
                por gozar los brazos
                de su amante dueño
                trueca el valle humilde
                por el monte excelso.   40
                Los pastores sacros
                del Olimpo eterno,
                la gala le cantan
                con dulces acentos;
                pero los del valle,   45
                su fuga siguiendo,
                dicen presurosos
                en confusos ecos:

Estribillo   ¡Al monte, al monte, a la cumbre,
                corred, volad, zagales,   50
                que se nos va María por los aires!
                ¡Corred, corred, volad aprisa, aprisa,
                que nos lleva robadas las almas y las vidas,
                y llevando en sí misma nuestra riqueza,
                nos deja sin tesoros el aldea!   55
                ¡Al monte, etc.!

Negritos. Estribillo

¡Ah, ah, ah,
que la reina se nos va!
¡Uh, uh, uh,
que non blanca como tú
nin Pañó, que no sa buena,   5
que eya dici: So molena,
con las sole que mirá!
1. Cantemo, Pilico,
que se va las reina,
y dalemu turo   10
una noche buena.
2. Yguale yolale,
Flacico, de pena,
que nos deja ascula
a turo las negla.   15
1. Si la cielo va,
y Dioso la lleva,
¿pala qué yolá,
si eya sa contenta?
Sará muy galana,   20
vitira de tela,
milando la sole,
pisando la streya.
2. Dejame yolá,
Flacico, pol eya,   25
que se va, y nosotlo
la oblaje nos deja.
1. Caya, que sa siempre
milemo la iglesia,
mila las pañola,   30
que se quela plieta.
2. Bien dici, Flacico,

	tura sa supensa,	
	si tu quiele demu	
	una cantaleta.	35
	1. ¡Noble de mi Dioso,	
	que sa cosa buena!,	
	aola Pilico,	
	que nos mira atenta:	
	¡Ah, ah, ah!, etc.	40
	Los mexicanos alegres	
	también a su usanza salen,	
	que en quien campa la lealtad,	
	bien es que el aplauso campe.	
	Y con las cláusulas tiernas	45
	del mexicano lenguaje,	
	en un tocotín sonoro,	
	dicen con voces suaves:	
Tocotín	Tla ya timohuica	
	to tlazo ziuapilli	50
	maca ammo tonantzin,	
	titechmoilcahuiliz.	
	Manel in ilhuicac	
	huel timopaquitiz,	
	nahamo nozo quenman	55
	timotlalnamíctiz.	
	In moyolque mochtin	
	huel motilinizque;	
	tlaca amo tehuatzin	
	ticmomatlanfliz.	60
	Ca miztlacamati	
	motlazo piltzintli,	
	mac tel in te pampa	
	xicmotlatlauhtili.	
	Tlaca ammo quinequi,	65

xicmoilnamiquili
ca mo nacayotzin
oticmomaquiti.
Mochichihual ayolt
oquimomitili 70
tla motecmitia
yhuan tetepitzin.
Ma mo pampantzinco
in mo ayolcat intin
in itla pohpoltin 75
tictomacehuizque
totlatlacol mochtin
tiololquiztizque
ilhuicac tiazque
timitzittalizque 80
in campa cemihcac
timonemitíliz
cemihcac mochihuaz
in mo nahuatiltzin.

Nocturno III

Villancico VI

¡Silencio, atención,
que canta María!
Escuchen, atiendan,
que a su voz divina,
los vientos se paran   5
y el cielo se inclina.
Silencio, etc.

Coplas   Hoy la maestra divina
de la capilla suprema
hace ostentación lucida   10
de su sin igual destreza.
Desde el ut del ecce ancilla,
por ser el más bajo empieza,
y subiendo más que el Sol
al la de exaltata llega.   15
Propriedad es de natura,
que entre Dios y el hombre media,
y del cielo el b cuadrado
junta al b mol de la tierra.
B fa b mi, que juntando   20
diversas naturalezas,
unió el mi de la divina,
al bajo la de la nuestra.
En especies musicales
tiene tanta inteligencia,   25
que el contrapunto de Dios
dio en ella la más perfecta.
No al compasillo del mundo,
errado, la voz sujeta,

sino a la proporción alta 30
del compás ternario atenta.
Las cantatrices antiguas,
las Judiques, las Rebecas,
figuras mínimas son,
que esta máxima nos muestran. 35
Dividir las cismas sabe
en tal cuantidad, que en ella
no hay semitono incantable,
porque ninguno disuena.
Y así, del género halló 40
armónico la cadencia
que, por estar destemplada,
perdió la naturaleza.
Si del mundo el frigio modo
de Dios la cólera altera, 45
blandamente con el dorio
las divinas iras templa.
Música mejor que Orfeo
(como Ilefonso exagera)
hoy suspendió del abismo 50
las infatigables penas.
Por los signos de los astros,
la voz entonada suena,
y los angélicos coros
el contrabajo le llevan. 55
La Iglesia también, festiva,
de acompañarla se precia,
y con sonoras octavas
el sagrado son aumenta.
Con cláusula, pues, final, 60
sube a la mayor alteza,
a gozar de la Tritona
las consonancias eternas.

Villancico VII

Ensaladilla. Jura

Introducción

                A la aclamación festiva
                de la jura de su reina,
                se juntó la plebe humana
                con la angélica nobleza.
                Y como reina es de todos,   5
                su coronación celebran
                y con majestad de voces
                dicen en canciones regias:

Coplas. Reina   Ángeles y hombres, señora,
                os juramos, como veis,   10
                con que vos os obliguéis,
                a ser nuestra protectora.
                Y os hacemos homenaje
                de las vidas; y así, vos,
                guardad los fueros que Dios   15
                le dio al humano linaje.
                Vos habéis de mantenernos
                en paz y justicia igual,
                y del contrario infernal
                con aliento defendernos.   20
                Con esto, con reverencia,
                conformes en varios modos,
                por los Evangelios todos,
                os juramos la obediencia.
                Laus deo   25

Neptuno. Alegórico,

océano de colores, simulacro político que erigió la muy esclarecida, sacra y augusta iglesia metropolitana de México, en las lucidas alegóricas ideas de un arco triunfal que consagró obsequiosa y dedicó amante a la feliz entrada del excelentísimo señor don Tomás, Antonio, Lorenzo, Manuel de la Cerda, Manrique de Lara, Enríquez, Afán de Ribera, Portocarrero y Cárdenas; conde de Paredes, marqués de la Laguna, de la orden y caballería de Alcántara, comendador de la Moraleja, del Consejo y Cámara de Indias y Junta de Guerra, virrey, gobernador y capitán general de la Nueva España, y presidente de la Real Audiencia, que en ella reside, etc.

Que hizo la madre Juana Inés de la Cruz, religiosa del convento de san Jerónimo de esta ciudad.

Excelentísimo señor:

Costumbre fue de la Antigüedad, y muy especialmente de los egipcios, adorar sus deidades debajo de diferentes hieroglíficos y formas varias; y así a Dios solían representar en un círculo, como lo escribe Pierio Valeriano: Aegyptij Deum ex Hieroglyphico Circuli intelligebant; por ser símbolo de lo infinito. Otras veces en el que llamaban Eneph, por quien entendían al criador del universo, como refiere el que añadió hieroglíficos a las obras del dicho autor: Per Eneph, quem pro Deo colebant, Aegyptij, ipsum totius mundi, atque universitatis Creatorem, opificemque pulcherrimo Hieroglyphyco ostendebant. No porque juzgasen que la deidad siendo infinita pudiera estrecharse a la figura y término de cuantidad limitada, sino porque, como eran cosas que carecían de toda forma visible y por consiguiente imposibles de mostrarse a los ojos de los hombres (los cuales por la mayor parte solo tienen por empleo de la voluntad el que es objeto de los ojos) fue necesario buscarles hieroglíficos que por similitud, ya que no por perfecta imagen, las representasen. Y esto hicieron no solo con las deidades, pero con todas las cosas invisibles, cuales eran los días, meses y semanas, etc. Y también con las de quienes era la copia difícil o no muy agradable, como la de los elementos, entendiendo por Vulcano, el fuego; por Juno, el aire; por Neptuno, el agua; y por Vesta, la tierra; y así de todo lo demás. Hiciéronlo no solo por atraer a los hombres al culto divino con más agradables atractivos, sino también por reverencia de las deidades, por no vulgarizar sus misterios a la gente común e ignorante. Decoro de mejores luces que aprobó el real profeta: Aperiam in parabolis os meum, in enigmate antiqua loquar. Y de nuestro Redentor dice el sagrado coronista san Mateo en el capítulo 13: Haec omnia loquutus est IESVS in parabolis ad turbas, et sine parabolis non loquebatur eis. Sin otros innumerables ejemplos de que están llenas las divinas y humanas letras. Y por la misma razón de reverencia y respecto, vemos que aquéllas no se permiten en vulgar, porque el mucho trato no menoscabe la veneración: Nimia familiaritas contemptum parit, dijo Cicerón.

Y siendo las ilustres proezas y hazañas que en vuestra excelencia admira el mundo, tan grandes que no es capaz el entendimiento de comprehenderlas ni la pluma de expresarlas, no habrá sido fuera de razón el buscar ideas y hieroglíficos que simbólicamente representen algunas de las innumerables prerrogativas que resplandecen en vuestra excelencia así por la clara real estirpe que le ennoblece, como por los más ínclitos blasones personales que le adornan, pues aunque la nobleza heredada sea tan apacible que de ella dice el sabio: Gloria hominis ex honore Patris sui. Y en otra parte: Gloria Filiorum Patres eorum; con todo en sentencia de Séneca es mérito ajeno: Qui genus iactat suum, aliena laudat. Y con su acostumbrada suavidad Ovidio:

> Non census magnus, nec clarum nomen avorum:
> Sed probitas Magnos, Ingeniumque facit.

Y con no menor majestad Plutarco in Agathoel. Regem nasci nihil magni est, at regno dignum se praestisse maximum est. Y sobre todos el luminar mayor de la Iglesia, el máximo doctor y gran padre mío san Jerónimo dice definiendo la verdadera nobleza: Nobilitas est clarum esse virtutibus: unde ille, apud Deum maior est, qui iustior; non contra. Pero en vuestra excelencia se han dado las manos tan amigablemente los timbres heredados y los esplendores adquiridos, que forman una sola íntegra y perfectísima nobleza, desempeñándose recíprocamente los unos a los otros; pues ni su real sangre pudiera producir menos virtud, ni sus claras virtudes podían tener menor origen, constituyendo a vuestra excelencia en tan sumo grado que no es capaz de admitir más, porque se verifique aquello de Séneca: Quidquid ad summum pervenit, incremento non reliquit locum. Pero donde no queda para la grandeza, piensa hallarlo el perdón que esta metrópoli pide obsequiosa a vuestra excelencia como al cielo su vida que dure a par de sus blasones.

Iglesia metropolitana de México.

Razón de la fábrica. Alegórica y aplicación de la fábula

Ha sido el lucimiento de los arcos triunfales erigidos en obsequio de los señores virreyes que han entrado a gobernar este nobilísimo reino, desvelo de las más bien cortadas plumas de sus lucidos ingenios porque, según Plutarco, Praeclara gesta praeclaris indigent orationibus. Según lo cual la mía estaba bastantemente excusada de tan alto asunto y tan desigual a mi insuficiencia, cuando el mismo Cicerón, padre de las elocuencias, temía tanto la censura de los lectores que juzgaba todos los extremos en ellos peligrosos, buscando la mediocridad: Quod scribimus nec docti, nec indocti legant: alteri enim nihil intelligunt: alteri plus forsan, quam de nobis nos ipsi. Causas que me hubieran motivado a excusarme de tanto empeño a no haber intervenido insinuación que mi rendimiento venera con fuerza de mandato, o mandato que vino con halagos de insinuación. Gustando el venerable Cabildo de obrar a imitación de Dios con instrumentos flacos porque, como juzgaba su magnificencia, corta la demostración de su amor para obsequio de tanto príncipe, le pareció que era para pedir y conseguir perdones más apta la blandura inculta de una mujer que la elocuencia de tantas y tan doctas plumas; industria que usó el capitán Joab en el perdón de Absalón con la ofendida majestad de David conseguido por medio de la Tecuites, no porque juzgase más eficaces los mentidos sollozos de una mujer no conocida, ignorante y pobre, que su autoridad, elocuencia y valimiento, sino porque el rayo de la ira real incitada a los recuerdos del delito no hiciera operación en el sujeto flaco, pues éste siempre busca resistencias para ejecutar sus estragos: Feriuntque summos fulgura montes; y que la confianza fuese en la piedad a que movería el sujeto y no en la fuerza de los argumentos se conoce del mismo sagrado texto, que confesó ella misma no ser suyas aquellas palabras: Per salutem animae tuae, Domine mi Rex, nec ad sinistram, nec ad dexteram, ex omnibus his quae locutus est Dominus meus Rex: servus enim tuus Ioab, ipse praecepit mihi, et ipse posuit in os ancillae tuae omnia verba haec. Por estas razones, pues, o por otra que no debe mi curiosidad inculcar, me vide necesitada a ejecutar el mandato como el Eolo virgiliano, Aeneyd. I. Mihi iussa capesere fas est. Y ya dispuesta la voluntad a obedecer, quiso el discurso no salir del método tan aprobado de elegir idea en que delinear las proezas del héroe que se celebra, o ya porque entre las sombras de lo fingido campean más las luces de lo verdadero, pues (como dijo Quinto Curcio) Etiam ex mendacio intelligitur veritas, o ya porque sea decoro copiar del reflejo como en un cristal las perfecciones que son inaccesibles en el original: respecto que se hace guardar el Sol, monarca de las luces, no permitiéndose a la vista, o ya porque en la comparación resaltan más las perfecciones que se copian: Omnia sine comparatione parum grate laudantur, dijo Plinio, o ya porque la naturaleza con las cosas muy grandes se ha como un diestro artífice, que para sacar la obra a todas luces perfecta, forma primero diversos modelos y ejemplares en qué enmendar y pulir lo que no fuere tan perfecto, porque después la obra tenga todas las circunstancias de consumada. Y así ninguna cosa vemos muy insigne (aun en las sagradas letras) a quien no hayan precedido diversas figuras que como en dibujo las representen. Esta, pues, tan decorosa invención me obligó a discurrir entre los héroes que celebra la Antigüedad, las proezas que más combinación tuviesen con las claras virtudes del excelentísimo señor marqués de la Laguna. Y aunque no perdonó el cuidado, del más notorio al más recóndito, no hallé cosa que aun en asomos se asimilase a sus incomparables prendas, y así le fue preciso al discurso dar ensanchas en lo fabuloso a lo que no se hallaba en lo ejecutado, pues parece que la naturaleza, como falta de fuerzas y suficiencia, no se atrevió a ejecutar, ni aun en sombras, lo que después a esmeros de la Providencia salió a lucir al mundo en su perfectísimo original; y así dejó que el pensamiento formase una idea en qué delinearlo, porque a lo que no cabía en los límites naturales se le diese toda la latitud de lo imaginado, en cuya inmensa capacidad aun se estrechan las glorias de tan heroico príncipe. Y aunque esta manera de escribir está tan aprobada con el uso, no quiero dejar de decir que en las divinas letras tiene también su género de apoyo el uso de las metáforas y apólogos pues en el Libro de los Jueces, capítulo 9, se lee: Ierunt ligna, ut ungerent super se Regem: dixeruntque olivae: Impera nobis. Y prosigue introduciendo los árboles que consultan políticamente el gobierno de la montaña. Y en el Libro 4 de los Reyes, capítulo 14, dice: Carduus Libani misit ad cedrum, quae est in Libano, dicens: Da filiam tuam filio meo uxorem. Transieruntque bestiae saltus, quae sunt in Libano, et conculcaverunt carduum. Demás que las fábulas tienen las más su fundamento en sucesos verdaderos; y los que llamó dioses la gentilidad, fueron realmente príncipes excelentes a quienes por sus raras virtudes atribuyen divinidad, o por haber sido inventores de las cosas, como lo dice Plinio: Inventores rerum Dij habiti sunt. Y Servio dijo que sus virtudes los habían elevado del ser de hombres a la grandeza de deidades: Vocamus Divos, qui ex hominibus fiunt. Y este poder y grandeza de la virtud lo vemos en lo sagrado: Ego dixi: dij estis.

Razones que me movieron a delinear algo de las sin iguales virtudes de nuestro príncipe en el dios Neptuno, en el cual parece que no acaso, sino con particular esmero quiso la erudita Antigüedad hacer un dibujo de su excelencia tan verdadero, como lo dirán las concordancias de sus hazañas. Fue este heroico príncipe hijo de Saturno y hermano de Júpiter, el cual por suerte o por mayoría fue rey del cielo, quedando a Neptuno todo el imperio de las aguas, islas y estrechos, como lo refiere Natal: Hic cum Iovis socius et adiutor fuisset in bellis post Saturnum e regno depulsum, iactis sortibus de totius mundi imperio, mare, et omnes insulas, quae in mari existunt, tenere cum imperio sortitus est Neptunus. Fue madre suya la diosa Opis, o Cibeles, la cual es lo mismo que Isis, por representar estos dos nombres la tierra a la cual llamaron Magna Mater y creyeron ser madre de todos los dioses, y aun de las fieras, como la llamaron Laercio:

> Quare Magna Deum Mater, Materque ferarum.
> Y Silio Itálico en el Libro 6:
> At grandaeva Deum praenoscens omnia Mater.

Lo mismo significa Isis en sentir de Natal: lo modo Luna dicta est, modo credita est Terra. Y más adelante: Fabulantur, Ionem in vaccam mutatam fuisse, animal fertilitatis terrae studiosum, cuius omnis industria sit in colendis agris ob ubertatem ipsius terrae. En honra suya se celebraban juegos circenses (como lo refiere Plutarco), a quienes llamaban Neptunalia, pues se hacían en honra de Neptuno, dios de los consejos. (San Cipriano, Epístola 10: Neptuno cuasi consilij Deo Circenses). Estaban sus aras debajo de la tierra, no solo para denotar que el consejo para ser provechoso ha de ser secreto (Servio 8, Aeneida: Qui ideo Templum sub tecto in circo habet, ut ostendatur, tectum consilium esse debere) sino para dar a entender que también honraban con silencioso recato a Neptuno en el supuesto de Harpócrates, dios grande del silencio, como lo llamó san Agustín, Libro 18, Capítulo 5, Civitatis Dei; Policiano, Capítulo 83, de sus Misceláneas; advirtiendo que al que los egipcios daban la apelación de Harpócrates, era el dios que veneraban los griegos con el nombre de Sigalion (Carthat. in Miner., página 250. Aegyptij silentij Deum inter praecipua sua Numina sunt venerati; eum Harpocratem vocaverunt, quem Graeci Sigalionem dicunt). La razón de haber los antiguos venerado a Neptuno por dios del silencio, confieso no haberla visto en autor alguno de los pocos que yo he manejado, pero si se permite a mi conjetura, dijera que por ser dios de las aguas, cuyos hijos los peces son mudos, como los llamó Horacio:

> O mutis quoque piscibus
> Donatura cycni, si libeat, sonum.

Por lo cual a Pitágoras, por ser maestro del silencio, le figuraron en un pez, porque solo él es mudo entre todos los animales; y así era proverbio antiguo: Pisce taciturnior, a los que mucho callaban; y los egipcios, según Pierio, lo pusieron por símbolo del silencio; y Claudiano dice que Radamanto convertía a los locuaces en peces, porque con eterno silencio compensasen lo que habían errado hablando.

> Qui iusto plus esse loquax arcanaque suevit
> Prodere, piscosas fertur victurus in undas:

Ut nimiam pensent aeterna silentia vocem.

Y siendo Neptuno rey de tan silenciosos vasallos, con mucha razón lo adoraron por dios del silencio y del consejo. Pero volviendo a nuestro propósito, digo que esta Isis tan celebrada fue aquella reina de Egipto a quien Diódoro Sículo con tanta razón elogia desde los primeros renglones de su historia, la cual fue la norma de la sabiduría gitana. Un libro entero escribió Plutarco de este asunto; Pierio Valeriano muchos capítulos; Platón muchos elogios, el cual en el Libro 2, De Legibus tratando de la música de los egipcios dijo: Ferunt, amiquissimos illos apud eos concentus Isidis esse poemata. Tiraquell. Leg. II. Connub., n. 30, la puso en el docto catálogo de las mujeres sabias. Y fuelo en sumo grado, pues fue la inventora de las letras de los egipcios, si se ha de dar crédito a los versos antiguos, que afirma Pedro Crinito haber hallado y leído en la Biblioteca Septimana, uno de los cuales dice así:

Isis arte non minore protulit Aegyptias.

Fue también la que halló el trigo y modo de su beneficio para el sustento de los hombres, que antes era solo bellotas, y diolo en las bodas de Jasio, hijo de Corito, cuando casó con Tila. Inventó también el lino, como lo da a entender Ovidio:

Nunc Dea Linigera colitur celeberrima turba.

Finalmente, tuvo no solo todas las partes de sabia, sino de la misma sabiduría, que se ideó en ella. Pues siendo Neptuno hijo suyo, claro está que no le corría menos obligación, pues el nacer de padres sabios no tanto es mérito para serlo cuanto obligación para procurarlo, para no degenerar ni desmentir misteriosos dogmas de los platónicos. En cuyo sentir Horacio, Carmina, 4. Oda 4:

Nec imbellem feroces
Progenerant aquilae columbam.

Y siendo de ordinario las costumbres maternas norma y ejemplar por donde compone las suyas, no solo lo tierno de la infancia, sino lo robusto de la juventud, mal se percibirán en ellos las prendas que nunca se adornaron. Juvenal, Satiricón 6:

> Scilicet expectas, ut tradat Mater honestos,
> Aut alios mores, quam quos habet.

Pero nuestro Neptuno desempeñó muy bien su origen con los soberanos y altos créditos de su saber. Lo cual se conoce claramente del acierto de sus acciones. Y aun en la manera de sus sacrificios, sacrificaban a Neptuno con particularidad el toro. Virgil., 2, Eneida:

> Laocoon, ductus Neptuno sorte sacerdos,
> Solemnes taurum ingentem mactabat ad aras.

Y en otra parte:

> Taurum Neptuno, taurum tibi, pulcher Apollo.
> Estacio, Tebaida, Libro 5:

> Coeruleum Regem tauro veneratur.
> Silio Itálico, Libro 15:

> Statuunt aras, cadit ardua taurus
> victima Neptuno

Sabido es ser el toro símbolo del trabajo, como se ve en Pierio, Libro 3. Pues como los gentiles para hacer sus sacrificios observaban tener atención a cuáles eran las cosas de que cada dios más se agradaba y de aquélla hacían su víctima, así a Neptuno sacrificaron el toro, fundados quizá en que cuando contendió con Vulcano y Minerva por la primacía de las artificiosas obras de sus manos, formó el toro. Lucian. in Hermotim. Minerva domum excogitavit, Vulcanus hominem, Neptunus taurum fecit. Bien pudo ser esta la razón, pero yo juzgo ser otra, y muy diferente. Es Neptuno hijo de la misma sabiduría, ya se ha visto, pues queda probado ser hijo de aquella diosa errante que con el nombre de Ío corrió las distancias de todo el mundo, y aportando a Egipto fue allí adorada en la figura y apariencia de una vaca, como elegantemente lo describe Ovidio, Epístola 14, Hipermnestra ad Liceum:

> Scilicet ex illo Iunonia permanet ira,
> Quo bos ex homine, ex bove facta Dea.

Y Lactancio Firmiano, Libro I, De Falsa Religione, Capítulo 15, Summa veneratione coluerant Aegyptij Isim. Y aun pasó este culto a los romanos, como lo dijo Lucano, Libro 18, hablando con el Nilo:

> Nos in templa tuam Romana accepimus Isim.

Y que fuese en figura de vaca dícelo, con otros autores, Natal Comit., Libro 6, Mitolog. Capítulo 13: y Ovidio, Libro 3, Arte amandi:

> Visite thuricremas Vaccae Memphitidos aras.

Por eso le fueron las vacas a Isis agradable sacrificio. Herodoto, Libro 2, escribió: Boves foeminas maxime fuisse sacras Isidi apud Aegyptios. Porque siendo Isis la sabiduría, no pudieran hacerle mayor cortejo que sacrificarle la misma sabiduría en su símbolo, que era la vaca en que a ella la idearon. De aquí infiero que cierta imagen del océano o de Neptuno que (como dice Cartario), eran muy parecidos en los retratos: Imagines Neptuni, atque Occeani non multum inter se erant dissimiles. Y con razón, pues indicaban una misma cosa, aunque por referirse a diversas propiedades tenían variadas las apelaciones: fue lo mismo pintarle en la semejanza de un toro que delinear a Neptuno como sabio. Eurípides, in Oreste:

> Oceanus, quem
> tauriceps ulnis
> se flectens ambit terram.

Pues si la sabiduría se representaba en una vaca, los hombres sabios se idearon en un toro. Bolduc, de Oggio, Libro 3, capítulo 4: Tauro viri sapientes, vacca autem eorum sapientia repraesentabatur. De donde se conoce que no por ser hechura suya, sino por ser símbolo de la sabiduría, fabricaron a Neptuno el toro. Con esto queda entendido Plutarco, que en el libro De profectu virtutis, escribe: Philosophum Stilponem somniavisse, vidisse se Neptunum expostulantem secum, quod non bovem ipsi immolasset. Y luego añade: Ut mos erat sacerdotibus. ¿Era Estilpón filósofo?, ¿profesaba ciencias? pues con razón se le queja Neptuno de que siendo sabio no le sacrifique la sabiduría al padre de ella en su símbolo, pues conociéndolo, no había sabio que con la agradable víctima del toro no lo sacrificase cuanto había alcanzado de las ciencias: Ut mos erat sacerdotibus. Habían reconocido que agradaba tanto la sabiduría a Neptuno, que aun los más ínfimos criados suyos, como Tritón (de quien dice Ovidio, Libro I, Metamorfosis:

> Caeruleum Tritona vocat conchaque sonanti
> Inspirare iubet),

eran doctos, eran sabios, más por la vigilancia de Neptuno, que los industriaba, que por su propria aplicación. El mismo Tritón (14, Argonaut. Apollo).

> Etenim me pater scientem Ponti
> Fecit Neptunus huius esse.

Otros muchos apoyos pudiera traer en prueba de la sabiduría de Neptuno, a no pedir la presente obra más brevedad que erudición y parecerme que con esto basta para legitimar su filiación, pues siendo Neptuno tan sabio, no pudiera tener otra madre que a Isis; ni ésta otro hijo más parecido que Neptuno, pues (como dice Theognis, poeta griego):

> Non etenim e squilla rosa nascitur, aut hyacinthus:
> Sed neque ab ancilla filius ingenuus.

Y los antiguos atenienses estaban en la tutela de Neptuno y Minerva, a quienes reverenciaban por dioses de la sabiduría, tallando en una parte de sus monedas la cabeza de Minerva y en otra el tridente de Neptuno; como Cartario, in Minerv., página 259, equivocando con Minerva a Isis, a quien los autores antiguos han nombrado con grandísima diversidad. Apuleyo la llama Rhea, Venus, Diana, Bellona, Ceres, Iuno, Proserpina, Hécate y Rhamneria. Diodoro Sículo dice que Isis es la que llamaron Luna, Juno y Ceres. Macrobio afirma no ser sino la Tierra, o la Naturaleza de las cosas. Pero entre tanta diversidad de opiniones no será difícil de averiguar quién sea ésta tan repetidas veces mencionada Isis, valiéndonos de lo que acertadamente escribió Jacobo Bolduc en su singular Tratado de Oggio Christian. Libro 2, capítulo I, y presuponiendo haber dado los antiguos a la sabiduría diversas apelaciones, originadas todas de haber algunos fingido, para dar autoridad a su doctrina, algunas diosas asistentes suyas a cuya dirección decían deber lo que de las ciencias alcanzaban, como fue la Egeria de Numa, la Urania de Avito, la Eunoia de Simón Mago: así dieron también nombre de diosa a la sabiduría los que fueron eminentes en ella. De donde trae el origen Semeles, nombre con que significaron la doctrina de Sem, hijo de Noé, y el primero que después del diluvio tuvo escuela pública donde se profesaron las ciencias. En los cuales principios fundado el referido Bolduc, pasa a investigar el origen que pudo tener esta palabra Isis y en el citado lugar, después de bien fundados discursos dice: A Misrain, et Heber, primis Aegyptorium Ductoribus, illustrissimisque viris divina sapientia, seu de religione doctrina, ex duplicato nomine hebreo Is, quod est Vir, ISIS videtur appellata. Con que de Misrain y Heber, primeros fundadores de Egipto y principales autores de las ciencias, tuvo la sabiduría esta nomenclación de Isis entre los varios nombres que le dieron los antiguos, como ella misma dijo de sí en boca de Afranio, in Cella:

> Usus me genuit, mater peperit memoria;
> Sophiam vocant me Graeci, vos Sapientiam.

Pero este nombre de Isis no fue de sabiduría como quiera, sino de la de Heber, de Misrain, como el mismo Bolduc explicó, capítulo 5: Ita ut vacca, quae Isidem, sea divinam Sapientiam significat, duorum vivorum, qui primi post diluvium fuerunt in Aegypto chiliarchi, nempe Misrain, et Heber, aliquibus notis distingueretur ab illa quae postea fuit. Declarando bastantemente ser lo mismo Misrain que Isis, cuando ésta representaba solo a la sabiduría. Con lo cual me parece haber probado bastantemente que Neptuno, así por herencia como por propria y personal ciencia, fue sabio. Y como de esta prenda en los príncipes dependan todas las demás, pues dice el filósofo: Ubi praeses fuerit Philosophus, ibi civitas est felix, me he detenido más en su prueba, no solo porque según la conexión de las virtudes es prueba el tener una de tenerlas todas, como lo dijo con elegancia Lucio Floro: Virtutes sibi invicem sunt connexa: ut, qui unam habuerit, omnes habeat, sino porque la sabiduría es la más principal, como raíz y fuente de donde emanan todas las otras, y más en un príncipe que tanto la necesita para la dirección del gobierno, pues pudiera muy bien la república sufrir que el príncipe no fuera liberal, no fuera piadoso, no fuera fuerte, no fuera noble, y solo no se puede suplir que no sea sabio; porque la sabiduría, y no el oro, es quien corona a los príncipes. Demás que nuestro Neptuno tuvo éstas y muchas más virtudes en excelente grado como adelante se verá. Fue por extremo valeroso y magnánimo, como se conoce en haber sido el primero que para el uso de la guerra redujo a sujeción la ferocidad del caballo, como lo dice Cartario, por lo cual dice que fue llamado ecuestre, y cita a Diódoro, diciendo: Diodorus Siculus scribit, Neptunum primum omnium equos domuisse, artemque equitandi docuisse; hincque factum esse ut Equestris appellaretur. Y trata en este lugar muy a lo largo de cómo por esta causa le celebraban los romanos los juegos circenses, y cómo era adorado con el nombre de Conso (como ya queda dicho arriba) y dice cómo en Roma había dos banderas en tiempo de guerra: una púrpura de la infantería, y otra cerúlea para los de a caballo, porque éste es el color del mar cuyo rey es Neptuno en cuya tutela estaba la caballería. Inventó también el arte la navegación para conducir por el mar sus armadas, como lo dice Natal con la autoridad de Pausanias, Mitología, Libro 2, folio 163: Memoria prodidit Pausanias, in Arcadicis, Neptunum primum equitandi artem invenisse, quod etiam Pamphi antiquissimi hymnographi testimonio comprobatur, qui Neptunum equorum rostratarumque et turritarum navium largitorem vocavit, y cita a Sófocles para comprobarlo, y también estos versos:

> Munus magni daemonis dicere
> Gloriam maximam
> Equis, pullis, mari, bene imperitantem,
> O fili Salurni! tu enim ipsum in
> Hanc ducis gloriam, rex Neptune,
> Equos moderans fraeno.

Lo mismo se infiere del himno de Homero tan repetido de todos los mitológicos donde dice ser estas dos sus principales ocupaciones:

> Bina tibi Superi Neptuno munera donant:
> Flectere equos, regere et naves, quae caerula sulcant.

Tuvo varios nombres en los antiguos por diversos acontecimientos, como refiere el mismo Natal y otros autores de los cuales referiré algunos, como son: Tenarius, Plitalmus, Heliconius Temenius, Onchestus Speculator, Natalius, Hippocurius, Crenesius, Gaeonchus, Domativis, Pater Rex Aegeus, Taraxipus, Cartario lo llama Comes, Equestris, Terriquassator, Consus, Harpocrates, y otros muchos que dejo por evitar prolijidad. Éranle dedicados los edificios por haber edificado los muros de Troya, como se dirá adelante y lo afirma Cartario, folio 173, tratando de las cosas que a cada dios dedicaban los antiguos: Sciendum est, apud veteres urbium portas Iunoni, arces Minervae, moenia atque fundamenta Neptuno fuisse sacra.

Ya me parece que está acabado el trasunto de nuestro héroe, y aunque iluminado de tan regios colores y formado de tan divinas líneas, ¿quién duda que distará mucho de la perfección de su original? Pero como quiera que es preciso cotejarlo, veamos la similitud que se halla entre los dos para que se honren estos colores mitológicos de haber, con sus simbólicas líneas, figurado tanto príncipe. Lo primero es nuestro heroico marqués, hijo de Saturno, el más poderoso de los dioses y padre de todos; así lo dice Virgilio:

> Primus ab aetherio venit Saturnus Olympo.

Lo mismo sienten los griegos, y Natal dice haberlo dicho la Sibila Eritrea:

> Primus mortales inter Saturnus at olim
> Regnavit.

¿Qué otra cosa es ser hijo de Saturno que ser hijo de la real estirpe de España de quien descienden tantos reyes que son deidades de la tierra? Es también su excelencia hijo de Isis, esto es, de la sabiduría del señor rey don Alonso, el Sabio por antonomasia, llamado así por la excelencia de sus estudios, especialmente matemáticos, Misrain español, a cuyos compases parece que obedecía el curso de las estrellas. Expresólo con elegancia el Apolo andaluz don Luis de Góngora en una octava que empieza:

> Aquel Alonso, digo, coronado
> de honores más que esta montaña estrellas,
> nunca bastantemente celebrado,
> aunque igualmente venerado de ellas.

Concordando aun en este género de estudio con los egipcios, pues ellos fueron los primeros que observaron los movimientos de los cuerpos celestes y enseñaron al mundo la astrología. Es también su excelencia hermano de Júpiter, rey del cielo, esto es, del señor duque de Medina Caeli, a quien por suerte cupo este estado de cielo; con razón llamado Júpiter, pues el nombre de éste se dijo a iuvando, como dice Marciano Capella: Et nos a iuvando Iovem dicimus. ¿Qué más ayuda que un valido Alcides, que alivia al monarca español del peso de la esfera de tan dilatado gobierno? Cupo a Neptuno en suerte el mar (como ya queda dicho) con todas las islas y estrechos. ¿Qué otra cosa fue esto que ser su excelencia marqués de la Laguna, general del mar océano con todos los ejércitos y costas de Andalucía? ¿Ni que otra cosa fue ser titular de los edificios y llamado comes, que ser conde de Paredes? Inventó el arte de andar a caballo Neptuno, o crió a este gallardo bruto, según Virgilio, Geórgicas, Libro I:

Cui prima frementem
Fudit equum magno tellus percusa tridente.

Y dice Andrés Alciato, 72, que marchio, o marqués es vocablo céltico que significa el capitán o perfecto de los caballeros, porque según el uso de aquella región se llama el caballo marchia, y los franceses dicen marchar por andar a caballo, y aun entre nuestros españoles está ya muy recibido, especialmente en la milicia. En Francia e Italia en tiempo de los longobardos significó marqués lo proprio que caballerizo del rey, aunque después se les dio jurisdicción propia. Y dejando aparte otras etimologías del nombre de marqués, como que venga de mare, dicción latina o de marchgraph palabra tudesca, por no hacer a mi propósito y haber tantos autores que tratan de esto, donde los podrá ver el curioso, ya hemos visto que ser marqués no es otra cosa que ser perfecto y señor de la caballería y del arte de andar a caballo, como lo fue Neptuno. Y aun parece que porque no le faltase circunstancia de dominio sobre este generoso bruto quiso el cielo, no sin especial providencia, dar al señor infante don Fernando de la Cerda, hijo del señor rey don Alonso el Sabio y de la señora reina doña Violante, y esclarecido ascendiente de nuestro príncipe, aquella prodigiosa de la cerda (como refiere el padre Mariana y otros coronistas) de donde tuvo origen este gloriosísimo apellido, poniéndole Dios aquella señal, como marcándole con ella por señor de toda la caballería: título que por tantos motivos puede obtener nuestro glorioso héroe. Ya también queda probado ser las vacas como divisa y empresa de Isis, por las razones dichas; y no menos lo son de nuestro príncipe, pues son armas del gran estado de Fox, en Francia, de cuya nobilísima casa desciende por línea paterna. Y así dice Aro en su Nobiliario, que cuando murió el señor mosén Bernardo de Bearne, primer conde de Medina Celi, que casó con la señora doña Isabel de la Cerda, señora del Puerto de Santa María, pusieron sobre su sepulcro las dos vacas, armas de su gloriosa casa. Ya también queda probado ser lo mismo Neptuno que Conso, y que éste se dijo a consilio, vel consilijs; y no cualquier consejo sino Consejo de Guerra, como se colige de las palabras de Cartario: Plutarchus refert cuiusdam dei aram conditam sub terra in circo invenerat; eique deo indidit nomen Conso sive a consilio, quod consiliarius foret: quare ad eius aram aditus nunquam patefiebat, praeterquam ludorum circensium diebus; quod effecit, ut Neptunus idem, ac Consus crederetur. Y siendo estos juegos de tanto peligro y para ejercitar las fuerzas para la campaña, ya se ve qué sería el Consejo de Guerra. El modo con que se jugaban era poniéndose a la ribera del río, y de la otra parte ponían espadas desnudas. Así lo dice Servio comentando a Virgilio en el verso:

> Centum quadriiugos agitabo ad flumina currus.

Olim enim in littore fluminis Circenses agitabantur: in altero latere positis gladijs, ut ab utraque parte esset ignaviae praesens periculum; unde et Circenses dicti sunt, quia exhibebantur in circuitu ensibus positis. En los cuales tenían sumo peligro los que jugaban, como dice Virgilio, que era más un combate sangriento que no fiesta pacífica, diciendo:

> Iamque humiles, iamque elati sublime videntur
> Aera per vacuum ferri, atque assurgere in auras.
> Nec mora, nec requies: at fulvae nimbus arenae
> Tollitur; humescunt spumis, flatuque sequentum.
> Tantus amor laudum, tantae est victoria curae;

porque no faltase ni aun este título de consejero de guerra a Neptuno. Y no sé qué mayor pueda ser la conexión pues hasta en los clarísimos apellidos de su excelencia se hallan significaciones marítimas, cuales son: Porto-Carrero y Ribera; y en su ilustre nombre de Tomás, que es lo mismo que Didimus, vel Gemelus, se halla la unión con su excelentísimo hermano, semejante a la que tuvo Neptuno con Júpiter, que parecían de un parto, pues partiendo tantos y tan poderosos imperios, no se lee que tuviesen la menor discordia, cuando la ambición de reinar no ha guardado jamás fueros a la sangre ni ha admitido compañía en el dominio; por lo cual dijo Aristóteles: Non est bonum pluralitas principantium. Y solo en la conformidad de estos hermanos se halló: porque el amor los hacía ser uno solo, como significa su nombre gemelus. Finalmente tuvo Neptuno en lugar de cetro, el tridente, con que regía las aguas, de quien dice Cartario que significaba los tres senos del

Mediterráneo, o las tres cualidades del agua: Alij (dice) ad triplicem aquarum naturam referunt: fontium enim sunt dulces, marinae salsae, quae autem in lacubus continentur, non sunt amare illae quidem, sed gustatui sunt ingratae. Pero Ascensio, comentando a Virgilio, dice que significaba el tridente la potestad de Neptuno: Ut significetur triplex Neptuni potestas; sicut fulmen trisulcum triplicem lovis potestatem; el cerberus triceps Plutonis indicat. Lo mismo representa el bastón en los señores virreyes, en que se cifra la civil, criminal y marcial potestad, a que corresponden los títulos de virrey y gobernador, capitán general y presidente de la Real Audiencia que su excelencia obtiene y goce por largos siglos.

Ideóse con estos fundamentos el Arco Triunfal que erigió a su feliz entrada el obsequio de esta santa iglesia metropolitana en una de las puertas de su magnífico templo que mira a la parte occidental, en el costado derecho, por donde se sale a la Plaza del Marqués; desahogando en lenguas de los pinceles sus bien nacidos efectos y ordenando con tan hermosa máquina la puerta que prevenía a tanta dicha: manifestando en ella los cordiales regocijos con que recibía a su pacífico Neptuno que después de tantos marciales trofeos viene a enriquecernos de políticas felicidades y a que le veamos, como dijo Góngora:

> En lauro vuelto el tridente,
> los rayos en resplandores.

Erigióse en treinta varas de altura la hermosa fábrica a quien en geométrica proporción correspondían diez y seis de latitud, feneciendo su primorosa estructura en punta diagonal; compúsose de tres cuerpos, en que estaban por su longitud repartidas tres calles, en que (quedando libre la capacidad de la portada) se formaban tres tableros; el primer cuerpo fue de obra corintia, fundamentada sobre diez pedestales que se manifestaban por sus resaltos con sus intercolumnios; las columnas fingían ser de finísimo jaspe, y el soclo, corona, cornisa y collarín de bronce, con seis tarjas de lo mismo, sobre que se asentaban seis columnas de fingido jaspe, revestidas en el tercio de máscaras de bronce, con su plinto, basa y capitel, el arquitrabe, triglifos y collarín de lo mismo: frisos y dentellones de jaspe; cornisa, plafón y volada de bronce. El segundo cuerpo fue de orden compósito, con diez columnas de jaspe, revestidas en el tercio de laurel y variedades de joyas de bronce, con sus basas sobre la sotabanca de jaspe: collarín, molduras, capiteles, triglifos, friso, cornisa y volada de jaspe. El tercero cuerpo se compuso de obra dórica en que se veían seis bichas pérsicas, cuerpo de bronce y pierna de jaspe; coronado de capitel compósito y corintio; paflón y arquitrabe de bronce, y friso de jaspe; dos frontis en línea diagonal, y en medio, el escudo de las armas de su excelencia. A los lados, las entrecalles con dos motilos o arbotantes de bronce y jaspe; arquitrabe, friso y cornisa de lo mismo con sus frontispicios y cerca de los remates. La calle de en medio volaba a paflón en el primero cuerpo hundiendo los dos con tres resaltos. En el segundo, con dos resaltos y cercha. En el tercero, igual por coronación de los dos; adornando la arquitectura seis figuras brutescas que distribuidas en todas las dos, sustentaban en bandas de varios colores el tarjón de su inscripción, y las otras cuatro asentadas sobre el paflón y banca de los cuerpos. En cuya montea se dio lugar a los ocho tableros en que se copiaron las empresas y virtudes del dios Neptuno, ideándose en ellas algunos de los innumerables elogios que así por su real ascendencia como por sus altas proezas e incomparables prendas se ha merecido el excelentísimo señor marqués de la Laguna, ostentando el Arco en los colores, en lo perfecto de las líneas, en los resplandores del oro que lo pulía a rayos, no ser menos que fábrica consagrada a tanto príncipe; llevándose sus inscripciones la atención de los entendidos, como sus colores los ojos de los vulgares, y el cordial amor y respecto de todos los dos retratos de sus excelencias en señal del que tiene a sus perfectos originales, que el cielo guarde, para que gocemos en ejecuciones los felices anuncios de su gobierno.

Inscripción

con que la santa iglesia metropolitana dedicó a su excelencia esta breve demostración de su encendido afecto. La cual se escribió en el tarjón que coronaba la portada, en la distancia que había desocupada entre ella y el tablero principal

Excelentísimo principi
NOBILISSIMO HEROI D.D. THOMAE, Antonio, Laurentio, Emanueli, de la Cerda, Manrique de Lara, Enriquez, Afan de Ribera, Portocarrero, et Cardenas: Comiti de Paredes, Marchioni de la Laguna,
NOBILISSIMO EQVESTRIS ORDINIS ALCANTARAE, Comendatori de Moraleja, Supremi, et Maximi Senatus Bellici Regio Consiliario: Aequitate, prudentia, et fortitudine conspicuo: Praeclasimo Novae-Hispaniae Proregi: Meritissimo eiusdem Generali Duci: Supremo item Regij Aeropagi Praesidi: Belli, et Pacis Arbitro Potentissimo: Religione, Pietate, et Iustitia celeberrimo. Magnanimitate, Sapientia, et Fortitudine munitissimo: Omnium virtutum dotibus ornatissimo: NEPTVNO suo tranquilissimo: Faventissimo Numini, Servatori Maximo, Protectori optimo Patri indulgentissimo:

Metropolitana Imperialis Mexicana Ecclesia. Hunc obsequij, et veri Amoris Obeliscum, hanc communis gaudij publicam Tesseram hoc perennaturae felicitatis votum auspicatur.

Animo, Mente, et Corde promptissimo Erigit, Dicat, consecrat, Offert.

Argumento del primer lienzo
Ya queda ajustada la grande similitud y conexión que hay entre nuestro excelentísimo príncipe y el padre y monarca de las aguas, Neptuno, en cuya conformidad se copió en el principal tablero (que fue el que coronando la portada era vistoso centro de los demás) a toda costa de poderoso y a no menos visos de deidad, la sagrada de Neptuno, acompañado de la hermosa Anfitrite, su esposa, y de otros muchos dioses marinos, como lo escribe Cartario citando a Pausanias: Maxima pars Neptuni comitum in quodam templo, quod est in agro Corinthio (ut Pausanias refert) cernebatur, ubi is una cum Amphitrite sua uxore in curru erat; puer quoque Palaemon Delphino innixus visebatur; equi quatuor currum trahebant; Tritones duo erant ad latus; in basi media, quae currum substentabant, mare erat cultum, atque Venus, quae inde emergebat pulcherrimis Nereidibus comitata. En los rostros de las dos marinas deidades hurtó el pincel las perfecciones de los de sus excelencias haciendo (especialmente a la excelentísima señora mar-

quesa) agravios en su copia, aunque siempre hermosos por sombras de sus luces, groseros por atrevidos y cortos por desiguales. Conducían a la deidad cerúlea con su divina consorte en un magnífico carro dos caballos marinos, aunque Orfeo dijo que eran cuatro:

> Quadriiugum impellens currum, summo aequore labens.

Rompían estos nadantes monstruos las blancas espumas que aumentaban tascando los dorados frenos y matizaban con las verdes cernejas de sus pies; precedía al carro, Tritón, de biforme figura con su torcida trompa, marino clarín de tantas glorias, divirtiendo los reales oídos las músicas sirenas, y acompañaban obsequiosas a sus dueños las nereidas, coronando sus verdes cabellos de conchas y perlas; servía a Palemón de bajel la ligereza de un delfín, real insignia del marítimo dios. Finalmente no olvidó el pincel en el real triunfo ninguno de los dioses que en su lista puso el poeta cuando explicando el poder del tridente dice:

> Subsidunt undae, tumidumque sub axe tonanti
> Sternitur aequor aquis: fugiunt vasto aethere nimbi.
> Tum variae comitum facies: immania cete,
> Er senior Glauci chorus, Inousque Palaemon,
> Tritonesque citi, Phorcique exercitus omnis.
> Laeva tenet Thetis, et Melite, Panoaeaque Virgo,
> Nesaee, Spioque, Thaliaque, Cymodeceque.

Adornaban las cuatro esquinas del majestuoso tablero los cuatro más principales vientos en extraordinarias figuras semejantes a sus efectos y propriedades que, como súbditos de la misma deidad, crecían la triunfal ostentación. Estaba a la parte septentrional el Aquilón o Bóreas, de rostro fiero, barba y cabello erizado, coronado de escarcha, las alas complicadas del frío y por pies dos horribles caudas de serpiente. A la meridional, soplaba el Noto o Austro, conducidor de las lluvias, destilándolas de la barba y cabello, coronado de nubes como lo describe Ovidio:

Madidis Norus evolat alis,
Terribilem picea tectus caligine vultum;
Barba gravis nimbis, canis fluit unda capillis;
Fronte sedent nebulae, rorant pennaeque, sinusque.

A la parte oriental soplaba el Euro, negro etíope, coronado de un Sol cuyos rayos, por la demasiada vecindad, abrasaban más que iluminaban su atezado rostro, propia semejanza de los naturales por donde pasa. A la occidental adornaba el galán Céfiro, mancebo gallardo, coronado de flores, vertiendo aromas y primaveras del oloroso seno. Todo lo restante adornaban las vistosas y plateadas ondas del mar que mezclando con tornasolados visos las blancas espumas a las verdinegras aguas, formaban una hermosa variedad a la vista y una novedad agradable a los ojos por lo extraordinario de su espectáculo vistoso. El adorno de este tablero solo miró a cortejar con los debidos respectos y merecidos aplausos los retratos de sus excelencias y a expresar con esta regia pompa la triplicada potestad del bastón, figurada en el tridente, al cual se puso este mote: Munere triplex. Y abajo en el tarjón de su pedestal, que sustentaban con dos bandas dos hermosas figuras, se escribió de bien cortadas y airosas letras este

Soneto

Como en la regia playa cristalina
al gran señor del húmedo tridente
acompaña leal, sirve obediente
a cerúlea deidad, pompa marina,
no de otra suerte, al Cerda heroico inclina
de almejas coronada la alta frente,
la laguna imperial del occidente,
y al dulce yugo la cerviz destina.
Tres partes del tridente significa
dulce, amarga y salada en sus cristales,
y tantas al bastón dan conveniencia:
porque lo dulce a lo civil se aplica,

lo amargo a ejecuciones criminales,
y lo salado a militar prudencia.

Argumento del segundo lienzo
Al diestro lado, si no tan grave no menos lucido, se ostentaba otro tablero que hacía hermoso colateral al de en medio, en cuyo campo se descubría una ciudad ocupada de las saladas iras del mar: copia de la que en Grecia (según refiere Natal) anegaron sus furiosas olas. Imitaba la valentía del pincel con tanta propriedad la náufraga desdicha de los moradores de ella, que usurpaban la lástima debida a lo verdadero las bien fingidas agonías de su último fin; descubríase arriba Juno con regio ornato en un carro que por la vaga región del aire conducían dos coronados leones, como la describe Cartario: Ea supra duos leones sedebat; altera manu sceptrum, altera fusum gestabat; radijs caput insigniebatur. A su lado estaba Neptuno a quien, afectuosa, pedía socorro para la ciudad de Inaco, su alumno, dada ya a saco a los marinos monstruos, y el piadoso dios, no queriendo emplear generosas iras en los indefensos griegos, pues (según Plinio) Male vim suam potestas alienis iniurijs experitur, apartaba con el poderoso tridente las aguas que, obedientes, se volvían a encarcelar con las llaves de arena que les impuso su Eterno Autor. Representaba esta inundación la que es continua amenaza de esta Imperial Ciudad, preservada de tan fatal desdicha por el cuidado y vigilancia de los señores virreyes, y nunca más asegurada que cuando no solo tiene propicio juez pero espera tutelar numen en el excelentísimo marqués de la Laguna, que si allá (como refiere Natal, tomándolo de Herodoto) formó Neptuno una laguna en que fluyesen las copiosas aguas del Peneo: Scriptum reliquit (dice) Herodotus in Polymnia Thesalos dicere solitos, Neptunum lacunam fecisse, per quam fluat Peneus, nosotros esperamos mejor Neptuno que, contraponiendo la hazaña, forme un río por donde fluya una laguna en su tan necesario como ingenioso desagüe. Expresaba el concepto una octava escrita en su pedestal, y en lo superior del lienzo este mote: Opportuna interventio.

Si a las argivas tierras el tridente
libres pudo dejar de inundaciones,

a cuya causa el pueblo reverente,
mil en un templo le ofreció oblaciones;
quede ya la cabeza de occidente
segura de inundantes invasiones
pues, con un templo, auxilio halla oportuno
en la tutela de mejor Neptuno.

Argumento del tercero lienzo
En el correspondiente lienzo a éste con no menor gallardía, se descubría un mar, y en medio de sus instables olas la isla Delos, tan celebrada por sus raros acontecimientos y varias fortunas; ésta es aquella casta Asteria cuya belleza vistió de plumas a la deidad de Jove, como lo refiere Ovidio:

Fecit et Asterien aquila luctante teneri.

Fue hija de Ceo y nieta de Titán, aunque según otros, hija de éste y hermana de Latona. Conociendo, pues, Asteria el engaño del que plumado amante desmentía en semejanzas de ave, resplandores de divino y pasiones de humano, se valió del mismo ardid para huir con las alas, de las alas, y resistir con plumas, las plumas: cuerdo arbitrio pues solo unas a otras pueden impugnarse. Voló en traje de codorniz la castidad, aunque infelizmente, que no siempre salva la inocencia; cayó en el mar, y como si la virtud fuese culpa, fue condenada a perpetuo movimiento; llamóse Delos, que (según Natal) quiere decir Manifestum, et Apparens; y aunque algunos quieren que debiese al mismo Júpiter la quietud, y Macrobio, libro Satur. capítulo 7, dice que Apolo y Diana, agradecidos al beneficio hecho a su madre Latona o por engrandecerla como a patria suya, la hicieron consistente; Luciano in Dial. Irid. et Nept. es de contrario parecer, atribuyendo a Neptuno esta piadosa hazaña, como refiere Natal, folio 963, donde refiriendo el suceso del parto de Latona y celos de Juno, dice: Deinde terra universa iurare coacta est, quod parturienti Latonae locum non concederet, praeter Delum insulam; illa enim, cum esset instabilis, per illud tempus sub undis forte delitescebat; quae deinde, cum tempus pariendi Latonae adventasset, utpote non iurata in Latonam, iussa est a Neptuno consistere, et locum parturienti praebere. Y es más consentáneo a razón que en sus reinos no mandase otro ni se introdujese en su jurisdicción, pues pudiera responderle lo que a Eolo, dios de los vientos, en Virgilio, Eneida, libro I, 220 verso 142:

>Non illi imperium Pelagi saevumque tridentem,
>Sed mihi sorte datum.

El fue, pues, el que movido a compasión de la infeliz Latona, afirmó con el tridente la movediza isla sirviendo éste de clavo a su voluble fortuna para dar estable acogida a la congojada hermosura, a quien sirviendo de Lucina sola su necesidad y de arrimo una hermosa palma, dio al mundo y mucho más al cielo aquellos dos lucientes faroles de Febo y Diana; así lo afirma Homero en estos versos:

>In monte excelso, deflexa in vertice Cynthi,
>Inopae ad primas ripas, palmaeque propinqua.

Adórnase en el tablero, la isla, de valientes y vistosos países, copados árboles y intrincados riscos; expresó el pincel con gallarda propriedad la aflicción de Latona en el semblante, como la hermosura en las dos tiernas luces de Febo y Diana; descubríase arriba, majestuosamente adornado, nuestro Neptuno con el tridente que la afirmaba. Representaba todo este vistoso aparato a nuestro imperial México, y no sé qué más propria copia suya pudiéramos hallar, pues demás de convenirle por su fundamento el nombre de la isla, según su definición: Insula dicitur terra, quae undique aquis clauditur. ¿Qué más Manifestum, et Apparens, que la que tantos siglos se ocultó, como en el mar, pues el temor de éste estorbaba su descubrimiento? Y así, parece que se apareció al mundo a merced de Neptuno, pues éste dio paso por sus ondas para poder gozar sus inmensas riquezas y para que en sus minerales se probase ser patria del Sol y la Luna, pues con tan benignos influjos la adornan de aquellos dos metales primogénitos de sus luces sin que le falte ni aun el ave en que se transformó el enamorado Tonante por amor de Asteria, pues émula de Roma tiene por armas un águila imperial, y la mayor grandeza suya gozar los favores de mejor Neptuno en nuestro excelentísimo príncipe con quien espera gozar estables felicidades sin que turben su sosiego inquietas ondas de alteraciones ni borrascosos vientos de calamidades. Indicó el pensamiento este mote: Te clavum tenente, non nutabit. Y en el pedestal esta letra castellana:

> Asteria, que antes por el mar vagante
> era de vientos y ondas combatida,
> ya al toque del tridente, isla constante,
> es de Latona amparo y acogida.
> ¡Oh México! No temas vacilante
> tu república ver, esclarecida,
> viniendo el que con mando triplicado
> firmará con las leyes el Estado.

Argumento del cuarto lienzo
En el cuarto tablero (que fue el inferior de la calle del lado diestro) se pintaron dos ejércitos con tan gallardo ardimiento expresados, que engañado el sentido común con las especies que le ministraba la ilusión de la vista, se persuadía a esperar del oído las del confuso rumor de las armas. Eran los sangrientos combatientes griegos y troyanos; que éstos, ya desfallecidos, se retiraban, y aquéllos, más ardientes con la cercanía de la victoria, los seguían (que la próxima posesión pone espuelas aun en el ánimo más remiso). Señalábase en ésta, como en todas las facciones bélicas, el valeroso Aquiles, que con más que varoniles hechos, desmentía los femeniles paños que antes le vistió el materno celo, y con destemplados golpes del acero hacía más sonoro el clarín de su fama que antes con las delicadas y acordes cuerdas de su lira. Era blanco de su furor (por más señalado en el valor) el gallardo Eneas (que siempre el rayo busca resistencia en que ejecutar sus estragos); había Eneas cumplido con todas las obligaciones de hijo de Anquises en defenderse, mas no sé si con todas las de hijo de Venus en ofender, pues ya, a pesar de la vanidad y arrogancia de ésta (de quien dice Sófocles, in Trachiniis:

> Magnum quoddam robur

Venus, refert victorias semper),

casi cedía rendido al hijo de Tetis si (como dice Virgilio) no le librara de su furia Neptuno, siempre apostando piedades a las ingratitudes de Troya y siempre afecto a su conservación, como padre que (según Quintiliano) mavult Pater corrigere, quam abdicare, como el mismo lo refiere a Venus:

...Saepe furores
compressi, et rabiem tantam, coelique, marisque.
Nec minor in terris (Xanthum, Simoentaque testor)
Aeneae mihi cura tui. Cum Troiae Achilles
exanimata sequens impingerit agmina muris,
millia multa daret letho, gemerentque repleti
Amnes; nec reperire viam, atque evolvere posset
in mare se Xanthus: Pelidae tunc ego forti
congressum Aeneam, nec dis, nec viribus aequis,
nube cava eripui.

Estaba pintado arriba, con nube, el auxiliar dios, defendiendo con ella al troyano y representando en su piedad la que celebra la fama en nuestro excelentísimo héroe, que no contenta con sus bocas, las forma de sus plumas, para llevar a los climas más remotos no solo en las voces, pero en las utilidades, las noticias de su piedad. Virtud tan propria de príncipes, que los egipcios ponían en los cetros y reales insignias una cigüeña sobre un pie del hipopótamo, animal feroz y cruel, para dar a entender que los príncipes han de anteponer la piedad al rigor, y como ésta nunca campea más que cuando se emplea en el que la merece menos, se puso para explicarlo este mote: Sat est videat, ut provideat. Y en el pedestal esta décima castellana:

Por más que Eneas troyano
tenga a Neptuno ofendido,
cuando le ve combatido,
le ampara su invicta mano.
Así, Cerda soberano,

la piedad que os acredita
ampara al que os solicita,
sin buscar, para razón,
otra recomendación
que ver que lo necesita.

Argumento del quinto lienzo
En el tablero de la mano siniestra, correspondiente a éste, estaba Neptuno, tutelar numen de las ciencias (como queda probado en la Introducción) recibiendo en su cristalino reino a los doctísimos centauros que, perseguidos de la crueldad de Hércules, buscaban socorro en el que solo lo podían hallar, siendo sabios. Fueron éstos los maestros de las ciencias en la Antigüedad, como se prueba en Quirón, a cuya doctrina confió peleo la educación del valeroso Aquiles, como lo dijo Alciato:

> Magnam fertur Achillem
> in stabulis Chiron erudisse suis.

Y Germánico, in Phenonem Arati:

> Hic erit ille pius Chiron, tutissimus omnes
> inter nubigenas, et magni doctor Achillis.

También Apolo le entregó a Esculapio para que lo industriase en la medicina y ciencias naturales, en que salió tan aventajado que daba vida a los muertos, como dice Sereno Samónico:

> Tuque potens artis, rudos qui tradere vitas
> Nosti, atque in coelum manes revocare sepultos.

Fue también maestro de Hércules, como lo dice Natal: In astronomicis autem rebus magistrum habuit virum sapientissimum, ac optimum Chironem; el cual trata muy de espacio de su sabiduría en el Libro 4, Mythol, y Euripid. in Iphigen. Fue de los antiguos su docta conjetura tenida por espíritu profético, con lo cual predijo a sus compañeros el infeliz suceso de la batalla de los Lapitas y a Neso la muerte, como refiere Ovidio:

> Quique suis frustra bellum dissuaserat augur,
> Astylus: ille etiam metuenti vulnera Nesso,
> Ne fuge, ad Herculeos, inquit, servaberis arcus.

Llamáronse Centauri, y es como si dijéramos Cencitauri, según afirma Bolduc de los caldeos. Fueron los Cineos discípulos del primer sabio Enos, por cuya contemplación se llamaron Enocci, y después con el transcurso del tiempo, corrompido el vocablo, quedó en Cenci, y porque se coronase su nombre con el de su sabiduría (según queda probado ser el toro símbolo de ella) añadieron el tauri con sabia providencia, como si dijéramosCineos Doctos, que después quitando las sílabas intermedias (como siempre usan los griegos en los vocablos compuestos) quedó el nombre en Centauros. Fueron éstos (como lo dice Palefato, Natal, y Téxtor en su Oficina) hijos de la preñez de una nube, de donde se llamaros Nubigenae, como lo dice Virgilio, Eneida, Libro 8:

> ...Tu nubigenas, invicte, bimembres.

Y en el Libro 7, verso 684:

> Ceu duo nubigenae cum vertice montis ab alto
> descendunt Centauri.

Claro está que siendo sabios habían de venir de lo alto: Quia omnis sapientia a Domino Deo est. Siendo, pues, hijos de una nube, y siendo el nombre de Neptuno lo mismo (en sentir de san Isidoro) que nube tonans, ¿quién quita que le prohljemos éstos, que así por la etimología de su nombre como por su ciencia pueden con tanta razón legitimarse por hijos suyos? Éstos (dice Antímaco en su Centauromaquia) no fueron muertos por Hércules sino que huyeron de su violencia al mar e islas de las Sirenas; así lo afirma Apolodoro, Libro 7, Bibliotheca, hablando de su fuga: Reliquos autem Neptunus exci-

315

piens ad Eleusinum occuluit. Viva semejanza fueron estos centauros de los primeros invencibles conquistadores de este reino que, con el favor de Neptuno, figurado en las aguas del mar, dejaron burlada la ferocidad de Hércules en su furioso estrecho, tan temido de los náuticos antiguos el cual se llama entre los latinos Fretum Herculeum, y nosotros lo llamamos Estrecho de Gibraltar; allí fue donde puso aquellas dos tan famosas columnas Abila y Calpe, que en su sentir terminaban el mundo, como lo dijo Dionisio en el libro De Situ Orbis:

> Ad fines, ubi sunt erectae forte columnae,
> Herculeos (mirum) iuxta suprema Gades.

Donde escribió aquel más desmentido que repetido mote: Non plus ultra, con que quedó ufano de que no podía pasar adelante. Pero burlaron su confianza los centauros, esto es, nuestros españoles, que por tales fueron tenidos en este reino de los bárbaros indios cuando los vieron pelear a caballo; creyeron ser todo de una pieza, como dice Torquemada en su Conquista; los cuales pasaron el tan temido Estrecho de Hércules con el favor de Neptuno: de los señores Cerdas, dueños de aquellos puertos, y de nuestro excelentísimo señor marqués de la Laguna, gobernador del presidio de Gibraltar, con todos los ejércitos y costas de Andalucía. Púsose en lo superior del lienzo este mote: Addit sapientia vires; y en su pedestal esta décima:

> De Hércules vence el furioso
> curso Neptuno prudente:
> que es ser dos veces valiente
> ser valiente y ingenioso.
> En vos, Cerda generoso,
> bien se prueba lo que digo,
> pues es el mundo testigo
> de que en vuestro valor raro,
> si la ciencia encuentra amparo,
> la soberbia halla castigo.

Argumento del sexto lienzo

En el sexto lienzo (que fue el último de la calle de la mano diestra), se copió un cielo con todo el hermoso ornato de que su divino autor lo enriqueció. En el cual el Júpiter del mar (así lo llamó el Virgilio cordobés: Del Júpiter soy hijo de las ondas, en su, de todas maneras gigante, Polifemo) pintóse, pues, Neptuno, colocando en el cielo al Delfín, ministro y valido suyo, y embajador de sus bodas, cuya elocuencia persuasiva inclinó los castos desvíos de la hermosa Anfitrite a que admitiese la unión del cerúleo dios; dícelo Natal con estas palabras hablando de este suceso: Uxorem habuit Amphitritem quam, cum deperiret, neque in amorem sui ullo pacto posset allicere, Delphinum misit, qui eam sibi conciliaret, persuaderetque, ut maritum Neptunum aequo animo ferret. Id cum Delphinus impetrasset, ad perpetuam tanti beneficii memoriam dicitur Delphini signum inter sidera relatum. Y cita a Arato, para dar a entender el lugar en que fue colocado y las estrellas de que consta esta constelación, que son nueve, según refiere:

> Tu magni currens Capricorni corpora propter
> Delphinus iacet haud nimio lustrata nitore,
> praeter quadruplices stellas in fronte locatas;
> quas intervallum binas disterminat unum.

Lo cual fue premio de su embajada, o (según Sánchez Brocense in Alciato, Emblema 89; Natal Comit., Libro 8, capítulo 14) por la piedad y humanidad que usó con Arión, sacándole en su espalda libre del naufragio, como lo dice Ovidio, 2. Fast.:

> Dij pia facta vident: astris delphina recepit
> Iupiter, et stellas iussit habere novem.

Sea por uno o sea por otro, cualquiera de las dos acciones es muy digna de premio, pero excedió al mérito la recompensa que de la generosa mano de Neptuno recibió. Era deidad, y como tal sabía que el beneficio se ha de satisfacer con ventajas, pues en sentir de Séneca, Ingratus est qui beneficium reddit sine usura, y que no se ha de pagar solo con medida que se recibe si

317

es posible agrandarla, como dice Cicerón: Eadem mensura reddere debes, qua acceperis, aut etiam cumulatiori, si possis. Y pudiendo él como deidad todo cuanto quería, corto quedara si no le diera tan magnífico premio: que por grande que parezca una recompensa, siempre tiene el que obró primero la ventaja de la anticipación y ésta nunca puede satisfacerse, porque nunca el beneficiado puede tener el mérito del obrar libre; y así siempre dista uno de otro lo que va de dar a pagar. Tenía a más de esto, el Delfín, prendas que no deslucían la dignidad en que le constituía Neptuno, que a carecer de ellas no se librara el príncipe de imprudente aunque se ostentara agradecido, pues según Cicerón, benefacta male collocata malefacta sunt. Y como la elección de los ministros es la acción en que consiste el mayor acierto o desacierto del príncipe, no fuera tolerable el yerro en tan grave materia, pues según siente Plinio el Menor, es tan grande el daño que los malos ministros causan, que dice: Melior Republica est, in qua princeps malus, quam amici principis mali. No era de éstos el Delfín, sino muy consumado en prudencia e ingenio, como se conoce en el buen fin que dio a su embajada y en piedad que mostró con Arión: indicios todos de tener todas las partes que necesita un ministro para obrar rectamente, porque lo primero, dice de él Plinio, que es ligerísimo: Velocissimus omnium animalium Delphinus, velocior volucre, acrior telo. ¿Pues qué mejor prenda para un ministro que la presteza en la expedición de los negocios que están a su cargo? Y más cuando es con la justa ponderación de cada cosa, sin que por la aceleración se incurra en el defecto de no entender bien todas las circunstancias del negocio que se trata. No faltó esta prudencia al Delfín, pues refiere Pierio Valeriano que Augusto César traía por empresa un delfín rodeado a una áncora, con mote que decía: Festina lente; explicando la prisa que se debe tener en la ejecución, y el espacio en la consideración de los negocios. Alciato, Emblema 20, a quien puso por título: Maturandum, enseña esta doctrina con elegancia en una rémora asida a una saeta:

> Maturare iubent propere et cunctantier omnes,
> Ne nimium praeceps, neu mora longa nimis.
> Hoc tibi declaret connexum echeneide telum:
> Haec tarda est, volitant spicula missa manu.

Y Horacio, Libro 1, Satiricón I, dice casi la misma sentencia:

Est modus in rebus: sunt certi denique fines,
quos ultra citraque nequit consistere rectum.

Y de nuestro Salomón español, el muy prudente señor don Felipe Segundo, se cuenta haber dicho en una ocasión a los que le vestían: Vestidme de espacio, que estoy de prisa. Digna sentencia de su real ánimo y digna de ser norma de todos los príncipes. Con que queda probado que era el Delfín muy digno de la honra que recibía, pues aunque era mucha la altura a que ascendía: Nihil tam altum natura constituit, quo virtus non possit eniti. Con que quedó muy acreditada con tal elección la prudencia de Neptuno, que ésta es propriamente virtud de pechos reales, como dijo Aristóteles: Prudentia est proprie virtus principis. Y Séneca dice que se acredita a sí mismo el que honra al digno: Beneficium dando accepit, qui digno dedit. Representaba todo este hermoso aparato la liberalidad y cordura tan notoria en su excelencia de cuya noticia está tan lleno todo el orbe; y las felicidades que este reino se promete en su tranquilísimo gobierno. Púsose este mote en el acostumbrado lugar: Dignos ad sydera tolles, y en el pedestal este

Epigramma	Clarus honor coeli mirantibus additur astris Delphinus, quondam gloria torva maris. Neptunum optatis amplexibus Amphitrites nexuit; et meritum sydera munus habet. Talia Magnanimus confert Moderator aquarum praemia: Neptunum, Mexice, plaude tuum. Delphinus Ponti ventorum nuntiat iras, cum vario ludens tramite scindit aquas; coeli Delphinus fixo cum sydere fulget, omnia foelici nuntiat auspicio.

Argumento del séptimo lienzo

En el séptimo lienzo (que fue el superior de la calle siniestra) se copió la gloriosa y célebre competencia que nuestro Neptuno tuvo con Minerva sobre poner nombre a la ciudad de Atenas, como lo refiere Plutarco, a quien sigue Natal con toda la escuela mitológica. Era Atenas centro y cabeza no solo del mundo, sino de las ciencias, y llamada Doctissima, como la llamó Ovidio en una de sus epístolas:

> Atque aliquis Doctas iam nunc eat, inquit, Athenas.

Y como en las competencias de ingenio, Nihil difficilius quam cedere alteri, fue necesario que todo el coro de los dioses asistiese al docto desafío, porque aunque dice Cicerón: Silent leges inter arma, no sucede así en las guerras del entendimiento, porque como las leyes no son otra cosa que sus mismos discursos ordenados conforme a la recta regla de la razón e igual sindéresis, y como es cierto que vexatio dat intellectum, nunca más fecundos los produce que cuando con el calor de la disputa se mueven y representan las especies que estaban más remotas y escondidas, pues como era de esta calidad (y no de las que dice Platón: Propter pecuniarum possessionem omnia praelia fiunt), fue necesario que la atendiesen y juzgasen los doctos. Redújose la ingeniosa contienda a demonstración, que es mejor testigo de los méritos, y entonces hiriendo la tierra con el tridente el gran Neptuno, salió un soberbio caballo despreciando la tierra que le había producido y anunciando guerras con sus sonorosos relinchos, como dice Lucano con su acostumbrada elegancia:

> Primus ab aequorea percussis cuspide saxis,
> Thessalicus sonipes, bellis feralibus omen.

Siguióse la demonstración de la diosa, y fue una hermosa oliva dando verdes anuncios de paz en sus floridos ramos, como lo dice Natal citando a Plutarco: Quippe cum eo tempore equum invenisse dicatur; cum in Areopagum cum Minerva in contentionem descendit, de nomine Athenis imponendo, cum ipse equum hominibus, Minerva olivam munus attulit. Pareció a los jueces digna de la victoria la docta diosa, y el mismo Neptuno le cedió el triunfo cumpliendo con la obligación de docto y cortesano, quedando él más triunfante con el rendimiento que ella con la victoria, tomando el consejo de Ovidio:

Cede repugnanti, cedendo victor abibis.

Si ya no es que digamos que ser Neptuno vencido de Minerva, fue vencerse de su propria sabiduría entendiéndola en ella; pues aunque la común opinión es que nació de la cabeza de Júpiter, como afirma Procelio, Libro de Amor.

At Pallas magni Iovis orta cerebro.

Y Homero: Iovis filia gloriosa Tritonia. Alciato también lo dice en un emblema:

An quia sic Pallas de capite orta Iovis?

Y Lucano:

Hanc et Pallas amat, patrio quae vertice nata.

Y otros sin número. Pero contra estas autoridades dice Natal, citando a Pausanias in liber Myth.: Scriptum reliquit Pausanias in Acticis, Minervam Neptuni, et Tritonidis Paludis filiam fuisse; y Herodoto repite las mismas palabras. De donde se puede inferir que decir que Neptuno engendró a Minerva fue decir que fue sabio y que como tal produjo actos de sabiduría; y decir que fue de ella vencido, no fue más que decir que se sujetaba a las reglas de la razón, que es la verdadera libertad, como lo afirmó Plutarco: Rationi servire vera libertas est, y vencer (como lo hacen todos los sabios) la parte superior del hombre a la inferior, refrenando sus ímpetus desordenados; quizá para darnos a entender esto, fingieron ser caballo el vencido y oliva la vencedora. Y que ésta sea símbolo de las ciencias, se colige de Natal, donde dice: Cum vero olivae fructus ad omnes artes sit accommodatus, oleum scilicet, omnes denique artes Minerva invenisse creditur, nam profecto nulla est fere ars, quae non olivae beneficio utatur. Y compruébase con lo que dice Herodoto, que cuando el Oráculo de Apolo mandó a los de Epidauro hacer aquellas estatuas, preguntando si serían de oro o plata, respondió que no, sino de oliva, porque como dios de las ciencias se debía de agradar en el árbol que las simbolizaba, y añade el mismo Herodoto que solo había olivas en Atenas; quizá por eso solo en Atenas había ciencias. Pues que el caballo sea símbolo de la parte animal del hombre, dalo a entender en uno de sus hieroglíficos Pierio, que tiene por título: Fraenata ferocitas, donde dice: Vulgatissimum est illud argumentum, hominem invicto, ferocique animo imperio tamen, et rationi obsequentem, hieroglyphice per fraenatum equum significari. Y añade: Animal nimirum ferox, atque magnanimum; quod leges tamen subiit, por su innata ferocidad y desasosiego contrario en todo a la serenidad de la sabiduría. Y así Homero pintó a Marte en un carro que lo tiraban caballos para significar lo sanguinolento y furioso. Con lo cual queda probado que en Neptuno fue hazaña y no cobardía el ser vencido, pues no era otra cosa Minerva que su proprio entendimiento a quien sujetaba todas sus acciones para conseguir doblada victoria: pues (según Séneca) bis vincit, qui se in victoria vincit. Y el ser una cosa Minerva y Neptuno, aunque debajo de diversos respectos, se prueba en que se les atribuían unas mismas cosas pues siendo el toro sacrificio de Neptuno (como lo dijo Homero:

Cyanaeos crines taurum mactetur habenti,

e lo sacrificaban también a Minerva, como lo dice Natal, el cual dice que era éste o una vaca, su víctima; y lo comprueba Ovidio:

—Mactetur vacca Minarvae.

Y siendo dios de los edificios Neptuno, los atribuyen también a esta diosa; y dice el citado Natal: Haec prima aedeficandi viam invenisse dicitur; ut testatur Lucianus in Hermodito: inquit enim fabula, Palladem, Neptunum, ac Vulcanum de artificio contendisse, atque Neptunum taurum fabricasse, Palladem excogitasse domum. De donde se colige que Minerva en este sentido no es distinta de Neptuno sino su propria sabiduría. ¿Pues qué más elegante y propria representación de nuestro príncipe, que uno que alcanzó tan gloriosos vencimientos de sí mesmo y que sujetó tanto a la regla de la razón sus acciones que se preció de ser vencido de su propria sabiduría? Gloríese desde hoy más esta nobilísima ciudad en su Neptuno sabio, pues la gobierna aquél a quien solo la razón gobierna; pues dice Plutarco: Pessimus est Imperator qui sibi ipsi non imperat. Y Erasmo: Necesse est, ut princeps consultorem habeat in pectore. Explicó algo de este primoroso vencimiento el mote, que fue: Dum vincitur, vincit. Y en el pedestal este

Epigramma
        Desine pacifera bellantem, Pallas, oliva,
        desine Neptuni vincere, Pallas, equum.
        Vicisti: donasque tuo de nomine Athenis
        nomen; Neptunus dat tibi et ipse suum.
        Scilicet ingenium melior sapientia victum
        occupat, et totum complet amore sui.
        Si tamen hic certas, Neptunia, Mexicus audit,
        Neptuno et Palmam nostra Lacuna refert.
        Gaudeat hinc foelix Sapientum turba virorum:
        praemia sub gemino Numine certa tenet.

Argumento del octavo, último lienzo
En el octavo y último lienzo (que fue el que coronó toda la montea) se pintó el magnífico templo mexicano de hermosa arquitectura aunque sin su última perfección, que parece le ha retardado la Providencia, para que la reciba de su patrón y tutelar Neptuno, nuestro excelentísimo héroe. En el otro lado se pintó el muro de Troya, hechura y obra del gran Rey de las Aguas, como lo dice Virgilio en el Libro 9 de la Eneida:

        ... An non viderunt moenia Troiae,
        Neptuni fabricata manu, considere in ignes?

Y el mismo en otra parte:

        ...Et omnis humo fumat Neptunia Troia.

Si bien Ovidio sintió lo contrario en la Epístola de Paris a Elena, diciendo:

> Ilion aspicies, firmataque turribus altis
> Moenia apollinae structa canore lyrae.

en otra parte:

> Utilitis starent etiam nunc moenia Phoebi.

Pero después concede ser Neptuno quien los edificó en compañía de Apolo:

> Inde novae primum moliri moenia Troiae
> Laomedonta videt, susceptaque magna labore
> crescere difficili, nec opes exposcere parvas.
> Cumque tridentigero tumidi genitore profundi
> mortalem induitur formam, Phrygiaeque tyranno
> aedificant muros.

Mas, por concordar estas opiniones o porque Macrobio en sus Saturnales, alegando a Higinio, dice que Neptuno y Apolo fueron los penates de Troya (a los cuales llamaron dii magni) y que éstos edificaron juntos los muros, se pintó en el tablero a Neptuno como dueño principal de la obra con muchos instrumentos de arquitectura, y a Apolo con la lira, a cuyo son obedientes contra su natural inclinación, que es: Tendere deorsum, se levantaban las piedras a componer la misteriosa fábrica, ayudando con su dulzura al soberano arquitecto Neptuno. Explicólo el mote, que fue: Construit imperans, sed suavitate comite. Y en el pedestal esta

Octava

> Si debió el teucro a la asistencia
> del gran Neptuno fuerza y hermosura
> con que al mundo ostentó sin competencia
> el poder de divina arquitectura,
> aquí, a numen mejor, la Providencia,

sin acabar reserva esta estructura,
porque reciba de su excelsa mano
su perfección el templo mexicano.

Las cuatro basas y dos intercolumnios de los pedestales se adornaron de seis hieroglíficos que simbólicamente expresasen algunas de las innumerables prerrogativas que adornan a nuestro esclarecido príncipe, y por no salir de la idea de aguas se previno deducirlas y componerlas todas de empresas marítimas, quizá porque siendo de aguas se asimilan más con su claridad a sus ínclitas virtudes y heroicas hazañas.

Primera basa de mano diestra
Tuvo Neptuno muchos templos consagrados a su deidad, y todos famosos. El más célebre fue el que estaba en el Istmo, como refiere Cartario, en el cual (como ya queda dicho) estaba Neptuno con su esposa Anfitrite, a quienes acompañaban todos los dioses marinos que como feudatarios a su suprema deidad le acompañaban obsequiosos. Tuvo otro templo (según el mismo Cartario, citando aldivino Platón) entre los atlánticos, de no menor ostentación, pues dice que estaba en él la estatua de este dios de tan eminente estatura, que llegaba con la cabeza a las bóvedas del templo: Tamque ingens erat (dice) ut capite altitudinis templi fastigium contingeret. De otro muy célebre hace memoria el mismo autor, que hubo en Egipto, en el cual estaba como alumno suyo pintado el dios Canopo que (según dicen) había sido piloto de Menelao, como refiere Cornelio Tácito, y por haberle dado sepulcro en aquella ciudad se llamó también ella a honor suyo, Canopo. Al cual, porque fue doctísimo en la náutica, dieron adoración, y con él alcanzaron aquella docta victoria de los caldeos, cuyo dios era el fuego, a quien venció Canopo por ser de agua. Copióse, como lo describe Cartario, diciendo: In quodam templo Neptuni, quod erat in Aegypto, Canopus Menelai Nauta colebatur; qui post mortem in astra translatus dicebatur. Eius effigies erat crasa, brevis, et quasi rotunda, collo obtorto brevissimis cruribus. Pintóse sobre una hoguera, cuyas llamas invisiblemente extinguía, aludiendo a la victoria ya referida. Y aplicándose a que los héroes excelentes cual lo es nuestro heroico príncipe, no solo triunfan y vencen en sus personas, mas aun en las de sus ministros

325

que en nombre suyo consiguen en la paz y en la guerra gloriosos triunfos con el aliento que les influye el príncipe, púsose este mote: Sufficit Umbra; y más abajo esta redondilla:

> Bien es que al fuego destruya
> Canopo por sutil modo;
> que para vencerlo todo
> bastaba ser sombra tuya.

Segunda basa de mano diestra
Sabida es la historia de los Gigantes que (dejando lo historial en que se funda, como que fuese aquel soberbio Nembrot su caudillo para asaltar el cielo) dicen los mitológicos haber hecho guerra a los dioses, como lo dice Eusebio Cesariense, y Josefo, y lo toca Ovidio, diciendo que eran hijos de la tierra.

> Terra feros partus, immania monstra, Gigantes
> edidit, ausuros in Iovis ire domum.

Y Lucano:

> Aut si terrigenae tentarent astra Gigantes.

Pero Homero los hace hijos de Neptuno y de Ifimedia:

> Uxor Aloci post hanc Iphimedia
> visa mihi, quae Neptuno duo pignora magno
> edidit: hi parvi sunt primo tempore nati,
> Otus divinus valde inclytus inde Ephialtes.

Atribuyéronselos a Neptuno porque (como dice Natal, citando estos versos:

> Elatos animo enim omnes, et omnes strenuos
> filios, et amicos dicunt, et amatos a Neptuno)

que todos los de generosos y altos ánimos se juzgaba ser hijos de este dios. Y si ningunos son más proprios hijos del hombre que sus pensamientos, no solo por la naturaleza más noble del alma que los produce sino también por el modo de generación más absoluta, pues en la corporal siempre un padre lo es a medias partiendo precisamente con la madre la mitad de la propriedad de los hijos, lo cual no sucede en los conceptos del alma sino que plenamente son suyos sin mendigar para su producción favor ajeno, ¿con cuánta razón podremos decir que nuestro príncipe es padre de pensamientos gigantes que, con mejor título que los fabulosos hijos de Neptuno, arrebatan el cielo? Pues si éste en las sagradas letras padece fuerza y lo arrebatan los animosos, a ninguno mejor que a su excelencia toca este tan glorioso asalto. Pintóse, para expresar el concepto, un cielo a quien arrebataban unas manos, y un mote que decía: Aut omnia; aut nihil. Y más abajo esta quintilla:

> Romper el cerúleo velo
> pretenden siempre constantes:
> que en tu católico celo,
> tus pensamientos gigantes
> no aspiran menos que al cielo.

Primera basa de mano siniestra
Que el mar sea mayor que toda la tierra es cosa tan sabida que no necesita de prueba, pues para que ésta se descubriese fue necesario que Dios mandase al mar que se retirase: Congregentur aquae, quae sub coelo sunt, in locum unum, et appareat arida. Y así se dice estar las aguas del mar más altas que toda la tierra, y entre los antiguos fue tenida por cosa tan sagrada que no osaban echar en ella cosa inmunda; y dice Cicerón que cuando en el Tibre echaban algún malhechor, no lo echaban desnudo porque no contaminase las aguas: Noluerunt nudos in flumen abiicere ne cum delati essent in mare, ipsum polluerent; quia caetera, quae violata sunt expiare putatur. Y así en los sacrificios usaban de agua del mar para purificar pecados; de donde se infiere la grande dignidad de Neptuno en ser dios de aquellos tan dilatados y nobles reinos, y de tanta muchedumbre de vasallos tan admirables y

varios, que dice el Eclesiástico: Qui navigant mare, enarrent pericula eius; et audientes auribus nostris admirabimur. Illic praeclara opera, et mirabilia: varia bestiarum genera, et omnia pecorum, et creatura belluarum. Y Plinio dice que hay en él muchas diferencias de animales y árboles y que no solo no carece de ninguna cosa de las que hay en la tierra, pero que las tiene más excelentes: Rerum quidem non solum animalium simulacra esse, licet intelligere intuentibus, uvam, gladium, serras, cucumim, et colore, et odore similem. Y fue tan grande la reverencia que le tenían, que no solo creyeron que podía limpiar pecados, pero que comunicaba un cierto género de divinidad; así que con ella se purificó la porción de humano, Glauco:

> Dii maris exceptum socio dignantur honore,
> Utque mihi quaecumque feram mortalia demant,
> Oceanum, Tethymque rogant; ego lustror ab illis
> et purgante nefas novies mihi carmine dicto,
> pectora fluminibus iubeor supponere centum.
> Nec mora, diversis lapsi de partibus amnes
> totaque vertuntur supra caput aequora nostrum,
> quae postquam redeunt, alium me corpore toto,
> ac fueram nuper, nec eundem mente recepi.
> Hactenus, acta tibi possum memoranda referre,
> hactenus, et memini, nec mens mea caetera sensit.

Aludiendo, pues, a esta grandeza del mar cuyo señor es nuestro príncipe, se pintó un mundo rodeado de un mar, y un tridente que, formando diámetro a todo el globo, lo dividía con este mote: Non capit mundus. Y esta letra:

> El mundo solo no encierra
> vuestra gloria singular,
> pues fue a dominar el mar,
> por no caber en la tierra.

Segunda basa de mano siniestra

Ningún gobierno puede haber acertado si el Príncipe supremo que lo rige no impetra sus aciertos de la suma sabiduría de Dios, y dejando los muchos ejemplos que de esto se hallan en las divinas letras, aun entre la ceguedad del gentilismo se hallan muchos de religión en que los príncipes pedían socorro a sus deidades para la dirección de su gobierno. Así afirma Lucio Floro lo hacían en Roma donde antes de entrar en el Senado el príncipe hacía muchos sacrificios a sus dioses, como afirma haberlo hecho César el día que le mataron, pues la religión y piedad no solo sirve de ejemplo a todos, como dice Valerio Máximo: Exemplum multum ad mores profuit; y Claudiano hablando de la misma materia:

Regis ad exemplum totus componitur orbis;

Pero sirve para establecer y afirmar el Estado, como lo dijo Séneca: Ubi non est pudor, nec cura juris, sanctitas, pietas, fides, instabile regnum est. Y Aristóteles: Non contingit, eum bonum principem agere, qui sub principe non fuit; que aunque él lo entendió de otro hombre, nosotros podemos entenderlo del que es Rey de los Reyes y Señor de los Señores; y siendo así que solo del cielo viene el acierto, ¿quién mejor podrá esperarlo que nuestro cristianísimo príncipe siempre atento a los divinos auxilios, con cuyo favor han sido todas sus acciones tan heroicas que pueden ser ejemplar a todos los venideros? Simbolizó este intento un navío en que se figuraba el gobierno entre las ondas de un mar. Pintóse en él Neptuno que, gobernando la proa con las manos, tenía fijos en el norte los ojos; con un mote que decía: Ad utrumque; y la letra castellana:

Segura en ti, al puerto aspira
la nave del gobernar;
pues la virtud que en ti admira,
las manos lleva en el mar,
pero en el cielo la mira.

Primer intercolumnio de mano diestra

Fue el mar, en sentir de los antiguos, la fuente de las más célebres y famosas hermosuras, de cuyas espumas salió la hermosa Venus, como ella misma dijo en Ovidio, Libro 4, Metamorfosis.

> ...Aliqua et mihi gratia ponto est,
> Si tamen in medio quondam concreta profundo
> spuma fui;

Y en la Epístola de Dido a Eneas:

> Praecipue cum laesus amor: quia mater amorum
> nuda Cythaerei edita fertur aquis.

y Juan Boccaccio, traduciendo a Virgilio:

> E giusto Cytherea che ne mei regni
> tu te confidi, essendo in quelli nata.

Y generalmente lo sienten así todos, atribuyéndole a ésta todas las glorias de las otras Venus, y dándola el imperio de la hermosura. Nació también del mar la hermosa Galatea a quien su amante Polifemo dijo en Ovidio todas aquellas hermosas comparaciones:

> Candidios folio nivei Galatea ligustri, etc.

Casi las mismas dice también Virgilio:

> Nerine Galatea, thymo mihi dulcior Hyblae, etc.

Y debió también el ser a sus cristales la hermosa Tetis, madre del valeroso Aquiles; Panopea, Melita, Decerto, Leucotoe, con todo el coro de las nereidas, de quienes dijo Horacio:

> Nos cantabimus invicem

> Neptunum, et virides Nereidum comas.

Nació también de él otra casi infinita copia de ninfas, por lo cual lo llamó Marcial, Casa de las Ninfas.
> Nympharum pariter, Nereidumque domus.

Finalmente fue el mar una cifra de todas las bellezas en lo fabuloso, y en lo verdadero es madre y principio de todas las aguas; pues habiéndolas su Criador Eterno mandado juntar a todas en un lugar, precisamente salen de allí todos los ríos, fuentes, lagunas, etc. como lo dice el Eclesiastés: Ad locum, unde exeunt flumina revertuntur, ut iterum fluant. Y lo mismo creyó la Antigüedad, como refiere Natal: Oceanus, qui fluviorum, et animantium omnium, et deorum pater vocatus est ab Antiquis. Y como en la excelentísima señora doña María Luisa Manrique de Lara y Gonzaga, dignísima consorte de nuestro gran príncipe, admira el mundo mucho más que la fabulosa Venus todo el imperio de la belleza, de quien ella misma pudiera con razón decir aquellos versos:

> Haec, et caeruleis mecum consurgere digna
> fluctibus, et nostra potuit considere concha,

o se halló mejor hieroglífico a su hermosura que el mismo mar que significa su nombre. Pintóse éste lleno de ojos, aludiendo a los que forma con sus aguas, con este mote: Alit, et allicit, y esta redondilla más abajo:

> Si al mar sirven de despojos
> los ojos de agua que cría,
> de la belleza es María,
> mar que se lleva los ojos.

Segundo intercolumnio
Ser la estrella de Venus la más hermosa del firmamento, ella misma lo prueba con sus tan apacibles como lucientes rayos. Ella es la que nos anuncia y trae

al Sol, y saliendo del océano destierra las tinieblas de la noche, como lo dijo el Poeta:

> Qualis ubi Oceani perfusus Lucifer unda,
> quem Venus ante alios astrorum diligit ignes.

Y en otra parte:

> Nascere, porque diem veniens age, Lucifer, almum.

Y Claudiano:

> Dilectus Veneri nascitur Hesperus.

El cual no solo es precursor del día en su nacimiento, pero alumbra y alegra la tarde, como lo dice Séneca: Qualis est primas referens tenebras nuntius noctis. Y Ovidio:

> Hesperus et fusco rosidus ibat equo.

Y Virgilio:

> Ite domum, saturae, venit Hesperus; ite capelle.

De manera que vive este nobilísimo astro tan atento al Sol en el oriente como en el ocaso, por lo cual los egipcios lo ponían por símbolo del crepúsculo. Y con más propriedad lo es de una fidelísima esposa tan unida a su caro consorte en lo próspero como en lo adverso, tan fina en la tristeza como en la alegría, tan amante en la muerte como en la vida. Propria idea de nuestra refulgente estrella, la excelentísima señora doña María Luisa, en quien se hallan todas las propriedades de lucero que anuncia con sus rayos serenidades a este reino; señora del mar, pues su nombre en el hebreo significa Domina Maris, vel Doctrix, et Magistra Maris. ¿Y de dónde nos podía venir este lucero clarísimo sino de España, dicha Hesperia:

Qui nunc Hesperia victor ab ultima?

Y más propiamente de Italia, de quien absolutamente se entiende este nombre, como dice Virgilio:

Est locus, Hesperiam graii cognomine dicunt;

donde tiene origen la nobilísima casa de los señores duques de Mantua, aquella tan amada patria de Virgilio que fue en sus cariños antepuesta a la imperial Roma, y a quien celebraba con el nombre Galatea:

Namque (fatebor enim) dum me Galatea tenebat,
Nec spes libertatis erat, nec cura peculi.

Y con más razón debe ser ahora por madre de tan benigna estrella que, serenando el mar con su belleza, anuncia a este reino felicidades con sus influjos. Pintóse, para expresar el pensamiento, una nave en medio de un mar, y arriba el lucero que le influía serenidades; con este mote: Ex Hesperia Hesperus, y esta letra castellana:

Cuando se llegó a embarcar
de Mantua la luz más bella,
tener el mar tal estrella,
fue buena estrella del mar.

Ésta fue la corta demostración que esta imperial metrópoli consagró obsequiosa al excelentísimo señor marqués de la Laguna, meritísimo virrey y capitán general de esta Nueva España, y la idea en que se estrecharon sus gloriosas proezas, librando el venerabilísimo Cabildo el desempeño de su amor en futuros servicios y actuales peticiones al cielo para la prosperidad y vida de tanto príncipe. Que exceda la capacidad de nuestros deseos. Vale.

Explicación del arco

    Si acaso, príncipe excelso,
cuando invoco vuestro influjo
con tan divinos ardores
yo misma no me confundo;
    si acaso, cuando a mi voz   5
se encomienda tanto asunto,
no rompe lo que concibo
las cláusulas que pronuncio;
    si acaso, cuando ambiciosa
a vuestras luces procuro   10
acercarme, no me abrasan
los mismos rayos que busco;
    escuchad de vuestras glorias,
aunque con estilo rudo,
en bien copiadas ideas   15
los mal formados trasuntos,
    Este, señor, triunfal arco,
que artificioso compuso
más el estudio de amor
que no el amor del estudio;   20
    éste, que en obsequio vuestro
gloriosamente introdujo
a ser vecino del cielo
el afecto y el discurso;
    este Cicerón sin lengua,   25
este Demóstenes mudo,
que con voces de colores
nos publica vuestros triunfos;
    este explorador del aire,
que entre sus arcanos puros   30
sube a investigar curioso
los imperceptibles rumbos;
    esta atalaya del cielo,

que a ser racional, presumo
que al Sol pudiera contarle 35
los rayos uno por uno;
    este Prometeo de lienzos
y Dédalo de dibujos,
que impune usurpa los rayos,
que surca vientos seguro; 40
    éste, a cuya cumbre excelsa
gozando sacros indultos,
ni aire agitado profana,
ni rayo ofende trisulco;
    éste, pues, que aunque de altivo 45
goza tantos atributos,
hasta estar a vuestras plantas
no mereció el grado sumo;
    la metrópoli imperial
os consagra por preludio 50
de lo que en servicio vuestro
piensa obrar el amor suyo,
    con su sagrado pastor,
a cuyos silbos y a cuyo
cayado, humilde rebaño 55
obedece el Nuevo Mundo
    (el que mejor que el de Admeto,
siendo deidad y hombre justo,
sin deponer lo divino
lo humano ejercitar supo), 60
    y el venerable Cabildo,
en quien a un tiempo descubro,
si inmensas flores de letras,
de virtud colmados frutos.
    Y satisfaga, señor, 65
mientras la idea discurro,
el afecto que os consagro,

a la atención que os usurpo.
   Aquel lienzo, señor, que en la fachada
corona airosamente la portada,   70
en que émulo de Apeles
con docta imitación de sus pinceles
al mar usurpa la fluxible plata
que en argentadas ondas se dilata,
en cuyo campo hermoso está copiado   75
el monarca del agua coronado,
a cuya deidad sacra pone altares
el Océano, padre de los mares,
que al cerúleo tridente
inclina humilde la lunada frente,   80
(y el que fue con bramidos, terror antes,
a los náufragos, tristes navegantes),
ya debajo del yugo que le oprime
tímido muge y reverente gime,
sustentando en la espalda cristalina   85
tanta de la república marina
festiva copia, turba que nadante
al árbitro del mar festeja amante,
y en formas varias que lúcida ostenta,
las altas representa   90
virtudes, que en concierto eslabonado
flexible forman círculo dorado
que sirve en un engace y otro bello
de esmaltada cadena al alto cuello:
un bosquejo es, señor, que con torpeza   95
los de vuestra grandeza
blasones representa, esclarecidos,
de timbres heredados y adquiridos,
pues con generosas prontitudes
os acompañan todas las virtudes,   100
que estáis de sus empresas adornado,

cuando más solo, más acompañado.

2 En el otro, señor, que a mano diestra
en aquella anegada ciudad muestra,
cuanto puede incitado 105
el poder de los dioses irritado,
se ve la reina de los dioses, Juno,
el socorro impetrando de Neptuno,
que hiere con el ínclito tridente
al que retrocedente 110
cerúleo monstruo, ya con maravilla
al límite se estrecha de la orilla.
Y no menos, señor, de vuestra mano,
la cabeza del reino americano,
que por su fundamento 115
a las iras del líquido elemento
expuesta vive, espera asegurada
preservación de la invasión salada.

3 Allí, señor, errante peregrina,
Delos, siempre en la playa cristalina 120
con mudanza ligera
fue de su misma patria forastera;
pero apenas la toca
el rector de las aguas, cuando roca
ya en fijo centro estriba, 125
de ondas y vientos burladora, altiva,
que a bienes conmutando ya sus males
patria es de los faroles celestiales,
en quien México está representada:
ciudad sobre las ondas fabricada, 130
que en césped titubante
ciega gentilidad fundó ignorante;
si ya no providencia misteriosa
émula de Venecia la hizo hermosa
porque nadie pudiese en su primera cuna 135

consagrarse al señor de la Laguna;
en quien por más decoro
nace en plata Diana, y Febo en oro,
que a vuestras plantas postren a porfía
cuanto brilla la noche y luce el día. 140
    Allí se ven los griegos
dando alcance a los míseros troyanos,
que del futuro engaño presagientes
de los griegos ardientes,
sienten en las centellas del acero 145
anuncios del incendio venidero,
y eligen el seguro
en la interposición del alto muro,
que de sonoras cláusulas formado,
y luego desatado 150
al son de disonante artillería
soltó discordia lo que ató armonía.
Allí el hijo de Tetis arrogante
al de Venus combate y, fulminante,
tantos le arroja rayos, 155
que en pálidos desmayos
ya el troyano piadoso
casi a Lavinia hermosa sin esposo
dejara, y en un punto
sin rey a Roma, a Maro sin asunto, 160
si de nube auxiliar en seno oculto
no escondiera su bulto
y burlara el deseo
del atrevido hijo de Peleo,
el padre de los vientos, poderoso, 165
cuanto más ofendido, más piadoso:
que tiene la deidad por alto oficio
oponer a un agravio un beneficio;
lo cual en vos se mira ejecutado,

	pues no soborna el mérito al agrado	170
	sino que, por mil modos,	
	sois como el Sol, benigno para todos.	
5	En el otro tablero,	
	empresa del que es héroe verdadero	
	el espumoso dios, a quien atentos	175
	obedecen los mares y los vientos,	
	a los centauros doctos (que del fiero	
	Alcides no el acero	
	con que la clava adorna de arrogancia	
	huyen, sino el furor de la ignorancia,	180
	cuya fiereza bruta	
	ofende sin saber lo que ejecuta)	
	dulce les da acogida	
	con una acción salvando tanta vida.	
	Viva gallarda idea	185
	de la virtud, señor, que en vos campea	
	pues con piadoso estilo	
	sois de las letras el mejor asilo.	
6	Allí, señor, en trono transparente	
	constelación luciente	190
	forma el pez que fletó, viviente nave,	
	del náufrago Arión la voz süave,	
	que en métrica dulzura	
	el poder revocó a la Parca dura:	
	que a doloroso acento lamentable,	195
	ni es sordo el mar, ni el hado inexorable;	
	y elocuente orador, Tulio escamado,	
	el cuello no domado,	
	el desdén casto de Anfitrite hermosa,	
	en la unión amorosa	200
	del que reina en los campos de Nereo,	
	redujo al dulce yugo de Himeneo,	
	a cuyo beneficio el siempre augusto	

remunerador justo,
de nueve las más bellas 205
del luminoso número de estrellas,
asterismo le adorna tan lucido,
que el mar, que le fue nido,
ya al brillante reflejo
digno apenas se ve de ser espejo. 210
¡Qué mucho, gran señor, si fue Neptuno
prototipo oportuno
de vuestra liberal augusta mano,
con que imitando al numen soberano,
castigáis menos que merece el vicio 215
y dais doblado premio al beneficio!

7   El otro lienzo copia, belicosa,
a la tritonia diosa,
que engendrada una vez, dos concebida,
y ninguna nacida, 220
fue la inventora de armas y las ciencias;
pero aquí con lucidas competencias
de la deidad que adora poderosa:
océano, del Sol tumba espumosa,
a quien con verdinegros labios besa 225
por más gloriosa empresa
el regio pie que el mar huella salado
con coturno de espumas argentado.
Competidora, pues, y aun vencedora,
a la gran madre ahora 230
apenas hiere, cuando pululante,
aunque siempre de paz, siempre triunfante,
verde produce oliva que adornada
de pacíficas señas, y agravada
en su fruto de aquel licor precioso 235
que es Apolo nocturno al estudioso,
al belígero opone bruto armado,

que al toque del tridente fue criado.
La paz, pues, preferida
fue de alto coro, y la deidad vencida 240
del húmedo elemento,
hizo triunfo del mismo vencimiento:
pues siendo prole a quien él mismo honora
la hermosísima sabia vencedora,
solamente podía 245
a su propia ceder sabiduría.
Así, señor, los bélicos ardores
que de progenitores
tan altos heredáis que en vuestras sienes
los triunfantes no caben ya desdenes 250
del Sol, e indignos de formar guirnalda
a vuestros pies alfombra de esmeralda
tejen, porque aumentando vuestras glorias
holléis trofeos y piséis victorias.
Este, pues, solo pudo alto ardimiento 255
ceder a vuestro propio entendimiento,
pues si algo, que el valor más vuestro hubiera,
más de lo más, vuestro discurso fuera.
   En el otro tablero que, eminente,
corona la portada la alta frente, 260
y en el más alto asiento
le da a todo el asunto complemento,
el claro dios, a Laomedón perjuro,
el levantado muro,
émulo del tebano, 265
con divina fabrica diestra mano,
a cuyo beneficio,
viendo el sin par magnífico edificio,
la docta antigüedad, reconocida,
dios de los edificios le apellida. 270
Así, excelso señor, claro Neptuno,

en el paterno amparo y oportuno
vuestro, la tantos años esperada
perfección deseada
libra la soberana en cuanto brilla 275
imperial mexicana maravilla,
que pobre en sus acciones,
de las que merecéis demostraciones,
si de deseos rica,
aquella triunfal máquina os dedica, 280
de no vulgar amor muestra pequeña,
que arrogante desdeña
las de ostentación muestras pomposas,
reducidas a verdades amorosas.
   Entrad, señor, si el que tan grande ha hecho 285
tantos años la sabia arquitectura
es capaz de que quepa en su estructura
la magnanimidad de vuestro pecho.
   Que no es mucho si allá lo vino estrecho
el templo, de Neptuno a la estatura, 290
que a vos la celestial bóveda pura
os sirva solo de estrellado techo;
   pero entrad, que si acaso a tanta alteza
es chico el templo, amor os edifica
otro en las almas de mayor firmeza 295
   que de mentales pórfidos fabrica;
que como es tan formal vuestra grandeza,
inmateriales templos os dedica.

Sub correctione Sanctae Matris Ecclesiae Catholicae Romanae.

LAUS DEO

Eiusque Sanctissimae Matri sine labe conceptae, atque Beatissimo Iosepho

Libros a la carta

A la carta es un servicio especializado para empresas, librerías, bibliotecas, editoriales y centros de enseñanza; y permite confeccionar libros que, por su formato y concepción, sirven a los propósitos más específicos de estas instituciones.

Las empresas nos encargan ediciones personalizadas para marketing editorial o para regalos institucionales. Y los interesados solicitan, a título personal, ediciones antiguas, o no disponibles en el mercado; y las acompañan con notas y comentarios críticos.

Las ediciones tienen como apoyo un libro de estilo con todo tipo de referencias sobre los criterios de tratamiento tipográfico aplicados a nuestros libros que puede ser consultado en Linkgua-ediciones.com.

Linkgua edita por encargo diferentes versiones de una misma obra con distintos tratamientos ortotipográficos (actualizaciones de carácter divulgativo de un clásico, o versiones estrictamente fieles a la edición original de referencia).

Este servicio de ediciones a la carta le permitirá, si usted se dedica a la enseñanza, tener una forma de hacer pública su interpretación de un texto y, sobre una versión digitalizada «base», usted podrá introducir interpretaciones del texto fuente. Es un tópico que los profesores denuncien en clase los desmanes de una edición, o vayan comentando errores de interpretación de un texto y esta es una solución útil a esa necesidad del mundo académico.

Asimismo publicamos de manera sistemática, en un mismo catálogo, tesis doctorales y actas de congresos académicos, que son distribuidas a través de nuestra Web.

El servicio de «libros a la carta» funciona de dos formas.

1. Tenemos un fondo de libros digitalizados que usted puede personalizar en tiradas de al menos cinco ejemplares. Estas personalizaciones pueden ser de todo tipo: añadir notas de clase para uso de un grupo de estudiantes,

introducir logos corporativos para uso con fines de marketing empresarial, etc. etc.

2. Buscamos libros descatalogados de otras editoriales y los reeditamos en tiradas cortas a petición de un cliente.